江西省交通运输厅重点科技项目

JIANGXI SHENG JIAOTONG YUNSHU NENGYUAN XIAOHAO
TONGJI JIANCE YU KAOHE TIXI YANJIU

江西省交通运输能源消耗
统计、监测与考核体系研究

主　审　胡钊芳　李忠奎
主　编　易宗发　欧阳斌
副主编　郭　杰　张迎涛　石静远
　　　　喻　洁　肖　钦

内 容 提 要

本书共分7章，主要内容包括：江西省交通运输能源消费的现状与评价、江西省交通运输节能减排的形势与要求、江西省交通运输能耗统计、监测与考核体系的总体框架设计、江西省交通运输能耗统计体系研究、江西省交通运输能耗监测体系研究、江西省交通运输节能减排考核体系研究、政策建议。

本书可供交通运输行业管理部门、交通运输企事业单位相关管理人员及技术人员等参考。

图书在版编目(CIP)数据

江西省交通运输能源消耗统计、监测与考核体系研究/易宗发，欧阳斌主编. —北京：人民交通出版社股份有限公司，2014.12

ISBN 978-7-114-11688-9

Ⅰ.①江⋯ Ⅱ.①易⋯ ②欧⋯ Ⅲ.①交通运输—能量消耗—研究—江西省 Ⅳ.①U

中国版本图书馆 CIP 数据核字(2014)第 209971 号

书　　名：江西省交通运输能源消耗统计、监测与考核体系研究
主　　编：易宗发　欧阳斌
责任编辑：韩亚楠　崔　建
出版发行：人民交通出版社股份有限公司
地　　址：(100011)北京市朝阳区安定门外外馆斜街 3 号
网　　址：http://www.ccpress.com.cn
销售电话：(010)59757973
总 经 销：人民交通出版社股份有限公司发行部
经　　销：各地新华书店
印　　刷：北京市密东印刷有限公司
开　　本：720×960　1/16
印　　张：10
字　　数：165 千
版　　次：2014 年 12 月　第 1 版
印　　次：2014 年 12 月　第 1 次印刷
书　　号：ISBN 978-7-114-11688-9
定　　价：48.00 元

(有印刷、装订质量问题的图书由本公司负责调换)

编写委员会

主　审：胡钊芳　李忠奎

主　编：易宗发　欧阳斌

副主编：郭　杰　张迎涛　石静远　喻　洁　肖　钦

编写组：吴克海　王　秦　朱国英　李洪亮　周　俊
　　　　胡建强　张　毅　毕清华　王　双　风振华
　　　　方　海　王　艳　陈建营　程　悦　张婧嫄
　　　　周艾燕　曹子龙　张海颖　李　胤　李燕霞
　　　　叶　浪　余　辉　陈亨山　刘桂英　李　琼
　　　　王　力　刘　芳　刘宝双　李尚伟　黄　彬

前　言

早在"十一五"期间,《国务院批转节能减排统计监测及考核实施方案和办法的通知》(国发〔2007〕36号)、《江西省人民政府批转节能减排统计监测及考核实施方案和办法的通知》(赣府发〔2008〕19号)就要求各地区、各部门要加快建立能耗统计指标体系、监测体系和考核体系,并针对交通运输行业明确提出要按照不同运输方式建立能源消费统计调查制度。

交通运输是国民经济和社会发展的重要基础产业和先导性、服务性行业,同时也是能源特别是石油消费的重要领域、碳排放的重要来源,节能减排形势十分严峻,强化交通运输节能减排责任重大、任务艰巨。为加强交通运输节能减排管理,要求在交通运输行业内部建立能耗统计监测实施体系,客观评估行业能耗的总体水平,及时把握行业能源消耗的动态趋势,科学评价节能减排工作进展情况,从而为节能减排相关政策的出台提供真实、可靠的信息。《公路、水路交通实施〈中华人民共和国节约能源法〉办法》第9条明确规定:交通运输部建立公路、水路交通运输能源消耗报告、统计、分析制度,配合国务院统计部门加强对统计指标体系的科学研究,改进和规范能源消耗统计方法,做好公路、水路交通运输能源利用状况的统计和发布工作。

近年来,江西省公路水路交通运输行业能源消费总量增长较快,结构不断优化,能源利用效率有所改善;面对国家日益严峻的能源环境形势和不断提高的节能减排要求,亟须加大交通运输节能减排工作力度,加快建设江西省绿色循环低碳交通运输体系。但目前江西省交通运输能耗统计、监测等基础性工作薄弱,节能减排绩效评价考核体系尚未建立,公路货运、公路客运、城市公交、出租汽车等耗能大户尚缺少全面的统计监测手段,只能通过抽样的能耗统计量或者行驶特征估计能源消费总量,因此,交通运输节能减排工作存在家底不明、数据不准、考核不力的问题,成为江西省交通运输节能减排工作向纵深发展的主要制约瓶颈。

因此,加紧研究构建交通运输能耗统计、监测和考核体系已成为深化交通运输行业节能减排工作的重要抓手,保障江西省"十二五"节能减排目标实现的重要举措,迫切需要行业内和各地市的积极配合,加快落实,尽快建立省级交通运输系统的能耗统计、监测和考核体系。

本书研究的主要任务是,对江西省"十一五"以来交通运输行业节能减排工作开展情况,特别是对交通运输能耗统计、监测与考核体系建设的现状进行回顾总结评价,查找分析江西省交通运输能耗统计、监测与考核体系存在的问题与不足,结合江西省"十二五"以及今后一段时期交通运输能耗统计、监测与考核体系建设面临的新形势与新要求,研究提出"十二五"江西省交通运输能耗统计、监测与考核体系建设的总体思路与目标,明确建设重点任务、实施安排和保障措施,为江西省交通运输行业能源统计、监测和节能减排考核工作的顺利开展提供决策支持与技术指导,促进江西省交通运输节能减排工作再上新台阶。

本书是在江西省交通运输厅科技处的具体指导下,由江西省交通运输厅隘岭至瑞金高速公路项目建设办公室组织、交通运输部科学研究院具体承担研究工作。自2011年10月研究工作正式启动以来,课题组广泛开展了国内外和行业内外能耗统计、监测与考核相关研究成果及基础资料的收集梳理,并赴相关政府部门和典型企业开展了实地调研,并就阶段性成果向行业内外专家进行充分的咨询论证,历经多次研讨与修改完善,在此基础上形成本书。本书的定位为前瞻性、基础性的决策支持研究。研究范围界定:交通运输行业范围包括公路交通运输、水路交通运输(含港口生产)、城市客运;时间范围近期着眼于2015年,远期展望到2020年。

目　录

1. 江西省交通运输能源消费现状与评价 ·· 1
   - 1.1　交通运输能源消费现状及特点 ··· 1
   - 1.2　交通运输节能减排工作开展情况 ······································· 4
   - 1.3　交通运输能耗统计、监测与考核体系现状 ······························ 21
2. 江西省交通运输节能减排的形势与要求 ······································ 43
   - 2.1　交通运输节能减排面临的形势与挑战 ··································· 43
   - 2.2　交通运输能耗统计、监测考核体系建设需求 ··························· 44
3. 江西省交通运输能耗考核体系的总体框架设计 ······························ 48
   - 3.1　总体思路 ·· 48
   - 3.2　基本原则 ·· 48
   - 3.3　建设目标 ·· 50
4. 江西省交通运输能耗统计体系研究 ··· 52
   - 4.1　体系框架 ·· 52
   - 4.2　基本思路与工作要求 ··· 53
   - 4.3　公路运输能耗统计体系研究 ·· 54
   - 4.4　公路建设与运营能耗统计体系研究 ····································· 57
   - 4.5　水路运输能耗统计体系研究 ·· 57
   - 4.6　港口生产能耗统计体系研究 ·· 60
   - 4.7　城市公共交通能耗统计体系研究 ·· 61
   - 4.8　指标解释 ·· 62
5. 江西省交通运输能耗监测体系研究 ··· 65
   - 5.1　体系框架 ·· 65
   - 5.2　总体要求 ·· 67
   - 5.3　公路运输能耗监测体系研究 ·· 68
   - 5.4　公路建设与运营能耗监测体系研究 ····································· 76
   - 5.5　水路运输能耗监测体系研究 ·· 79

- 5.6 港口生产能耗监测体系研究 ·· 83
- 5.7 城市公共交通能耗监测体系研究 ·· 86
- 5.8 组织与实施 ··· 90

6 江西省交通运输节能减排考核体系研究 ·································· 121
- 6.1 体系框架 ··· 121
- 6.2 总体要求 ··· 122
- 6.3 公路运输节能减排工作考核 ·· 126
- 6.4 公路建设与运营节能减排工作考核 ·································· 131
- 6.5 水路运输和港口生产节能减排工作考核 ························· 136
- 6.6 城市公共交通节能减排工作考核 ····································· 142

7. 政策建议 ··· 148
- 7.1 统筹规划,做好节能减排统计监测考核体系建设的顶层设计 ······· 148
- 7.2 建立健全行业节能减排管理机构,形成责任明确、管理到位的管理体系 ··· 148
- 7.3 着力完善交通运输能耗统计体系,尽快组织实施 ··········· 149
- 7.4 加强相关法规标准体系建设,积极培育第三方节能减排监测机构 ··· 149
- 7.5 切实加大节能减排投资力度,形成专项经费投入机制 ······· 150
- 7.6 大力加强引导和激励,充分发挥企业节能减排主体作用 ······· 150
- 7.7 切实强化相关基础研究,破解发展难题 ························· 151

参考文献 ··· 152

1 江西省交通运输能源消费现状与评价

1.1 交通运输能源消费现状及特点

交通运输是江西省国民经济和社会发展的基础性、先导性产业和服务性行业,也是全省重点终端用能行业,特别是石油消费的大户。近年来,江西省公路水路交通运输行业能源消费总量增长较快,结构不断优化,能源利用效率有所改善,主要呈现出以下几方面的特点。

1.1.1 消费品种以石油为主,总量增长迅速

江西省交通运输、仓储和邮电业 2011 年能源消耗总量约为 520 万吨标准煤,约占全省能源消费总量的 7.5%。交通运输的能源消费品种以石油为主,2011 年全省交通运输石油消费总量为 314.54 万吨,同比 2005 年的 208.63 万吨增长了 50.76%,占交通运输能耗总量的 95%。1990 年以来江西省交通运输、仓储和邮电业能耗总量如图 1-1 所示。

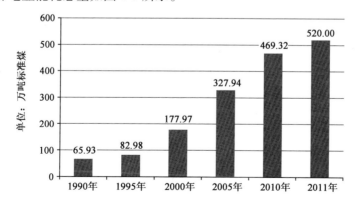

图 1-1 1990 年以来江西省交通运输、仓储和邮电业能耗总量

1.1.2 公路运输是交通运输业的能源消费主体,但水路运输能耗占比持续增长

从综合运输体系中各种运输方式的能源消费比例构成来看,公路运输所占比重快速上升,是能源消费的主力。2007年,全省公路运输能耗230.43万吨标准煤,与2005年相比增长了42.3%,年均增长19.3%,占全省交通运输、仓储和邮电业能源消费总量的63.6%,占全省能耗总量的4.6%,倘若加上私人车辆的能耗,比重将更为可观。2000—2007年江西省交通运输行业能源消费总量见表1-1。

2000—2007年江西省交通运输行业能源消费总量　　　表1-1

指 标	单位	2000年	2005年	2006年	2007年	2000—2007年增幅	2000—2007年年均增长率
全省能源消费总量	万吨标准煤	2 505.0	4 286.0	4 660.1	5 053.8	101.7%	10.55%
其中:石油	万吨	304.46	511.29	544.73	544.04	78.7%	8.65%
交通运输、仓储和邮政业	万吨标准煤	177.97	328.52	344.90	362.38	103.6%	10.69%
其中:石油	万吨	105.17	211.49	223.49	227.81	116.6%	11.67%
公路水路交通合计	万吨标准煤	110.69	177.38	216.96	248.80	124.8%	12.27%
营运车船	万吨标准煤	109.02	171.84	211.13	243.17	123.1%	12.01%
1. 公路运输营运车辆[①]	万吨标准煤	104.37	161.93	200.43	230.43	120.8%	11.98%
营运货车	万吨标准煤	86.94	134.31	177.84	207.01	138.1%	13.19%
营运客车	万吨标准煤	17.43	27.61	22.60	23.43	34.4%	4.31%
汽油车	万吨标准煤	43.54	22.59	34.81	28.99	-33.4%	-5.64%

续上表

指　　标	单位	2000年	2005年	2006年	2007年	2000—2007年增幅	2000—2007年年均增长率
柴油车	万吨标准煤	60.83	139.34	165.62	201.44	231.2%	18.65%
2. 水路运输②营运船舶(柴油)	万吨标准煤	5.55	9.91	10.70	12.74	129.5%	12.59%
货运(内河)	万吨标准煤	4.39	9.68	10.51	12.56	186.1%	16.22%
客运(海运)	万吨标准煤	1.17	0.22	0.17	0.17	-85.5%	-23.74%
3. 内河港口生产③	万吨标准煤	0.76	5.55	5.83	5.64	642.1%	33.07%

注：根据2001—2008年《江西省统计年鉴》、2000—2007年《江西省交通统计资料汇编》测算。
①公路运输营运车辆可分为营运货车和营运客车，也可分为汽油车和柴油车。
②水路运输营运船舶能耗总量数据由于期间统计口径发生变化，2000年数据为按内河、海运分航区划分；2005—2007年数据为按货运、客运划分。
③内河港口能耗总量依据交通运输部长航局长江干线20个港口生产综合单耗平均水平和九江港典型调研数据测算。

2007年，水路运输能耗总量达到12.7万吨标准煤，占交通运输总能耗量比重为3.5%，而2005年占比仅为3%。其中水路货运是水路运输能耗大户，占95%以上的水路运输能源消耗量。

1.1.3　交通运输单位运输周转量能耗呈现不同变化趋势

(1)营运车辆综合单耗呈上升趋势。2000—2007年间，江西省营运货车单耗呈上升的趋势，营运客车单耗小幅波动。2007年营运车辆综合单耗为9.27千克标准煤/(百万吨·千米)，同比2000年上升了37.95%，年均增幅为4.70%。

(2)营运船舶单位能源消耗总体呈下降趋势。2000—2007年间，江西省营运船舶单耗从2000年的16.55千克标准煤/(千吨·千米)，下降至2007年的

14.34千克标准煤/(千吨·千米),下降了13.35%,年均降幅为2.03%(表1-2)。

2000—2007年江西省交通运输行业主要能耗强度指标现状　　表1-2

指标	单位	2000年	2005年	2006年	2007年	2000—2007年增幅	2000—2007年年均增幅
1. 营运车辆综合单耗	千克标准煤/(百吨·千米)	6.72	7.83	8.16	9.27	37.95%	4.70%
货车	千克标准煤/(百吨·千米)	6.29	7.20	7.93	9.14	45.31%	5.48%
客车	千克标准煤/(百吨·千米)	10.30	13.56	10.53	10.67	3.59%	0.51%
2. 营运船舶综合单耗	千克标准煤/(千吨·千米)	16.55	14.43	14.98	14.34	-13.35%	-2.03%
内河船舶	千克标准煤/(千吨·千米)	21.34	—	—	24.23①	13.54%	1.83%
海运船舶	千克标准煤/(千吨·千米)	8.99	—	—	7.91①	-12.01%	-1.81%
3. 内河港口生产综合单耗②	吨标准煤/万吨吞吐量	4.17	4.07	4.11	4.0	-4.08%	-0.58%

注:根据2001—2008年《江西省统计年鉴》、2000—2007年《江西省交通统计资料汇编》测算。

①为"江西省水路运输量专项调查"2008年调研数据。另据典型调研,2007年九江市内河营运船舶单位能耗数据为11.71千克标准煤/(千吨·千米)。

②依据交通运输部长航局长江干线20个港口生产综合单耗平均水平和九江港2006年、2007年典型调研数据测算;另据江西省第二次港口普查结果2008年全省内河港口生产综合单耗为3.55吨标准煤/万吨吞吐量。

1.2 交通运输节能减排工作开展情况

近年来,江西省交通运输行业围绕提高能源利用效率,加快调整交通运输结构,大力推进科技进步,着力加强节能减排监督管理,在节能减排工作领域中取得了一定的成绩。

1.2.1　加快完善综合交通运输体系，推进结构性节能减排

"十一五"以来，江西省交通运输行业通过加强战略规划引导，高速公路、农村公路、国省道干线路网、内河航运等重要规划和前期工作取得了显著成效，交通运输结构不断调整优化，综合交通运输体系进一步完善，充分发挥了对交通运输节能减排的网络效应、规模效应和集约效应，大大提升了交通运输系统整体节能减排水平。

综合交通网络体系进一步完善。公路、铁路、机场、港口等基础设施建设成效显著。"十一五"期间，高速公路通车里程5年增加2 054千米，增长近1倍。高速铁路实现零的突破，干线铁路电气化率大幅提升，昌九城际铁路投入运营，杭长、合福等一批铁路客运专线开工建设，铁路营运里程达到2 735千米。民航机场布局更趋完善，航线航班得到扩展，南昌昌北国际机场扩建工程等一批项目建成，跨区域运输能力大幅提高。

公路基础设施结构明显改善。公路网络化、路网技术等级和路面等级结构有所提升，交通运输基础设施条件有所改善，为交通运输节能减排工作提供了良好的物质基础。2011年，全省公路密度达到每百平方千米87.85千米，二级以上公路占公路总里程百分比达到9.9%，其中高速公路3 642千米，一级公路1 428千米，二级公路9 464千米，等级公路占公路总里程百分比为78.1%。

内河航运快速发展。注重内河航运的发展，突出显现了其节能环保的比较优势，大力整治以赣江为主的内河航道，改善航道等级结构，提高水路运输能力。2011年，全省联通抚、信、饶、修等101条主要通航河流，通航总里程为5 716千米，等级航道占比为42.5%。现有内河港口生产用码头泊位1 728个，泊位总长度63 315米，年吞吐量万吨以上的港口有57个，其中年吞吐量超过百万吨的港口31个，基本形成了大中小结合、内外沟通的港口群体。全省水路运输完成货物周转量203.3亿吨·千米，占全省全社会货物周转量的比例为6.67%，较2008年增长了0.86%。

运力结构进一步优化。严格执行营运车辆燃料消耗量准入核查和对客车实载率低于70%的线路不投放新运力的政策，开展了营运客车类型划分及等级评定制度、货运汽车及汽车列车推荐车型制度的贯彻落实，完善具体许可管理方式。实施公路客运班线公司化改造工程和高速公路不停车联网收费工程。推进公路甩挂运输，开展甩挂运输试点。鼓励使用柴油汽车及重型车、专用车和厢式车，全面提升道路运输装备技术水平。落实公交优先发展战略，推进公共交通与

其他交通方式之间的无缝衔接。推进内河运输船型标准化建设,推进新增船舶运力,执行营运船舶燃料消耗量准入制度,促进船舶技术进步和航运结构调整,限制技术落后、单位能耗高、环境污染大的船型,淘汰挂桨机船。全面提高船舶安全、环保、节能和技术经济水平,实现船舶与航道、港口相互适应的协调发展。截至2011年底,全省共有营运汽车29万辆,民用运输船舶4 165艘,净载重量210万吨位,载客量1.2万客位,淘汰了大量老旧船舶,船舶运力向钢质化、大吨位、多功能、节能环保型方向发展。

运输组织结构持续改善。道路运输和内河航运企业组织结构不断调整,大力推进企业产权制度改革,鼓励各类运输企业采取股份制改造、兼并联合、资产重组等形式,优化资产结构,提升企业集约化程度和经营管理水平,大大提高了全省道路、水路运输的能源利用效率。2011年,全省共开通客运线路6 845条,其中省际线路1 183条,100%的乡镇通了客运班车,形成了城乡一体、干支相连的公路客运网络。2011年底,全省共有公路运输经营业户16万户,从业人员68.7万人,比2008年分别增长了63%和40.5%。

城市公共交通得到大力发展。以提高城市公共交通平均出行分担率,减少私人小客车出行为目的,研究落实了公交优先发展战略,提高了公众利用公共交通工具出行的比例;继续推进出租汽车行业服务管理信息化建设,推动"电召"模式发展,提高电话预约效率。进一步推动了运输装备水平的提高,鼓励使用新能源、节能环保公交车辆,全力做好南昌市"十城千辆"节能与新能源汽车规模化应用工作,积极引导出行者多采用公共交通和节能环保的方式出行。

1.2.2 加强交通运输科技创新,支撑技术性节能减排

"十一五"以来,江西省交通运输行业通过切实加强节能减排科技创新,不断增强节能减排的技术基础。在公路节能减排与材料循环利用技术、城市公共汽车节能技术、水运环保与节能减排应用技术等重点领域开展科技攻关,在环保新材料等方面开展专项课题研究。鼓励推广节能新产品、新技术在交通重点工程中的应用。

全省加强了交通运输节能减排科技研发及成果推广应用。积极推进交通运输节能减排技术推广示范活动,选树第三批节能减排示范项目,大力推广具有节能减排效果和推广应用价值的新材料、新技术、新产品、新工艺,重点推广了机动车驾驶培训模拟装置应用技术、船用柴油机改造LNG与柴油混合动力技术、路

面再生技术、太阳能和风能等可再生能源利用技术、隧道节能照明技术、靠港船舶使用岸电技术、集装箱码头RTG(轮胎式集装箱门式起重机)"油改电"技术、带式输送机系统及其他港口机械节能运行控制技术、内河船舶免停靠报港信息服务系统等一批先进适用技术。同时,优先安排节能减排科技创新项目,积极推进采用现代化运输装备,开展了推荐车型、客运车辆等级评定和内河船型标准化工作。

智能交通建设成效显著。全省交通运输行业信息化和智能化建设扎实推进,开展了江西省交通运输信息资源整合的部级信息化示范工程项目;大力推广应用不停车收费技术,将推广电子不停车收费系统作为节能减排、拉动经济和鼓励消费的重要工作,积极采用、推广电子不停车收费系统。同时,研究制订对公务车、私家车购买ETC装置进行费用优惠、补助政策,迅速扩大用户群,促进实现不停车收费系统的经济效益和社会效益;首次实现了系统路径识别;高速公路智能交通管理与控制系统建设和应用成效显著,全省高速公路联网收费系统和交通运输安全GPS监控统一平台已投入使用。

1.2.3 提升行业管理能力与水平,促进管理性节能减排

近年来,江西省交通运输行业通过切实注重加强运输组织管理、节能减排监督管理,实现管理挖潜增效。

1.2.3.1 完善组织管理,交通运输节能减排组织框架体系基本形成

1)全省节能减排组织管理架构

为加强对全省节能减排工作的组织领导,加快推进相关工作,2008年,江西省成立了省应对气候变化及节能减排工作领导小组,由省长担任领导小组组长,三位副省长担任副组长,领导小组成员包括省政府副秘书长、省委宣传部、省发展改革委、省经贸委、省教育厅、省科技厅、省监察厅、省财政厅、省国土资源厅、省建设厅、省交通运输厅、省水利厅、省农林厅等部门和单位的主要负责同志。领导小组下设办公室。节约能源办公室设在省经贸委;污染减排办公室设在省环保厅;应对气候变化办公室设在省气象局。

2)省交通运输行业节能减排组织架构

"十一五"期间,为切实强化对交通运输行业节能减排工作的组织领导,江西省交通运输厅成立了由省交通运输厅厅长任组长的节能减排工作领导小组,领导小组的人员构成和主要职责如下。

江西省交通运输厅节能减排工作领导小组：

组　　长：马志武　省交通运输厅厅长
副组长：邓经国　省交通运输厅副厅长
　　　　胡钊芳　省交通运输厅总工程师
成　　员：曹先扬　省公路管理局局长
　　　　于钦民　省港航管理局局长
　　　　谢来发　省高等级公路管理局局长
　　　　龙华明　省公路运输管理局局长
　　　　冯义卿　厅规划办公室主任
　　　　谢元银　厅办公室主任
　　　　梁雅端　副巡视员、厅法规处处长
　　　　梁必康　厅规划处处长
　　　　王继东　厅基建处处长
　　　　秦小辉　厅运输处处长
　　　　易宗发　厅科教处处长
　　　　糜向荣　厅路航管养处处长
　　　　杜一峰　厅后勤服务中心主任

主要职责：负责领导全省交通运输行业节能减排工作，研究制定交通运输行业节能减排工作的相关规划、政策、措施和标准，统筹解决交通运输节能减排工作中遇到的重大问题。

省交通运输厅节能减排工作领导小组办公室：办公室挂靠厅科教处，办公室主任由易宗发处长兼任。办公室主要承担交通节能减排领导小组管理组织协调和日常工作，研究制订、督促落实全省交通系统节能减排工作方案。

在省交通运输厅交通运输节能减排工作领导小组及其办公室的带领下，省交通运输厅直属单位、各市区县交通运输主管部门、各交通运输企业都成立了相应的节能减排组织机构，基本形成了网络体系。通过逐级成立节能减排工作领导机构及其办事机构，在全行业内逐步建立起领导有力、协调顺畅、上下联动的节能减排工作机制，从组织和机制上保障行业节能减排工作的开展。典型的如：江西长运股份有限公司建立了集团、基层单位、基层职能部门三级节能减排与环保管理网，设立三级专门能源管理岗位，即能源管理负责人、能源管理员、能源统计员，严格落实目标责任制，坚持定期开展监督检查。全省交通运输行业基本形成了由省市政府统一领导、各级交通运输管理部门具体负责、交通运输企业为主体、全行业齐抓共管的交通运输节能减排工作格局。

1.2.3.2 健全节能减排政策法规体系,绿色低碳发展制度环境持续改善

"十一五"以来,江西省政府在推进节能减排的工作部署上,印发了一系列规范性文件,如《江西省人民政府关于确保实现"十一五"节能减排目标的贯彻实施意见》(赣府发〔2010〕17号)、《江西省人民政府批转节能减排统计监测及考核实施方案和办法的通知》、《江西省省级节能专项资金管理暂行办法》、《关于加快推进合同能源管理促进节能服务产业发展的实施意见》、《江西省公共机构节能管理办法》、《江西省公共机构(行政)主要能源消耗定额指导意见(暂行)》、《江西省合同能源管理项目财政奖励资金管理暂行办法》、《江西省"十二五"节能减排综合性工作方案》、《江西省人民政府办公厅关于印发加快天然气推广使用实施意见的通知》、《江西省"十二五"能源发展专项规划》、《江西省"十二五"新能源发展规划》、《江西省"十二五"控制温室气体排放实施方案》等。省发展改革委制定印发了《江西省节能减排"十二五"专项规划》、《江西省应对气候变化"十二五"规划》、《江西省工业固定资产投资项目节能评估和审查管理办法》;省财政厅、发展改革委联合制定了《江西省合同能源管理项目财政奖励资金管理暂行办法》(具体见表1-3)。

江西省交通运输节能减排相关重要文件一览表　　　表1-3

序号	效力	文件名称	发布年份	发布单位
一、		综合性文件		
1	地方性法规	《江西省节约能源条例》	2002年	江西省人大
2	地方性法规	《江西省实施〈中华人民共和国节约能源法〉办法》	2013年	江西省人大常委会
3	规范性文件	《江西省人民政府关于加强节能工作的实施意见》	2006年	江西省人民政府
4	规范性文件	《江西省人民政府关于全面落实科学发展观加强环境保护的若干意见》	2006年	江西省人民政府
5	规范性文件	《江西省人民政府关于全面落实科学发展观加强资源节约的若干意见》	2006年	江西省人民政府
6	规范性文件	《江西省清理高耗能高污染行业专项大检查工作方案》	2007年	江西省人民政府

续上表

序号	效力	文件名称	发布年份	发布单位
7	规范性文件	《江西省2008—2010年节能工作指导意见》	2008年	江西省人民政府
8	规范性文件	《江西省人民政府办公厅关于印发2007年全省节能减排工作进展及2008年工作要点的通知》	2008年	江西省人民政府
9	规范性文件	《江西省人民政府批转节能减排统计监测及考核实施方案和办法的通知》	2008年	江西省人民政府
10	规范性文件	《江西省人民政府办公厅转发省发展改革委、省环保局关于加强高能耗高排放项目准入管理实施意见的通知》	2008年	江西省人民政府
11	规范性文件	《江西省省级节能专项资金管理暂行办法》	2009年	江西省人民政府
12	规范性文件	《关于加快推进合同能源管理促进节能服务产业发展的实施意见》	2010年	省发展改革委、省财政厅、人民银行南昌中心支行、省国税局、省地税局联合发布
13	规范性文件	《江西省人民政府关于确保实现"十一五"节能减排目标的贯彻实施意见》	2010年	江西省人民政府
14	规范性文件	《江西省人民政府办公厅关于加强指导和服务加快发展方式转变有关问题的通知》	2010年	江西省人民政府
15	规范性文件	《江西省人民政府办公厅关于2009年各设区市政府节能目标责任考评结果的通报》	2010年	江西省发展改革委
16	规范性文件	《江西省公共机构(行政)主要能源消耗定额指导意见(暂行)》	2010年	江西省公共机构节能领导小组

续上表

序号	效力	文件名称	发布年份	发布单位
17	规范性文件	《江西省人民政府办公厅关于印发江西省工业节能实施方案的通知》	2010年	江西省人民政府
18	规范性文件	《江西省公共机构节能管理办法》	2010年	江西省人民政府
19	规范性文件	《江西省国民经济和社会发展第十二个五年规划纲要》	2011年	江西省人民政府
20	规范性文件	《关于贯彻落实公共机构节能管理办法的若干意见》	2011年	江西省公共机构节能领导小组
21	规范性文件	《江西省合同能源管理项目财政奖励资金管理暂行办法》	2011年	江西省财政厅、省发展改革委
22	规范性文件	《江西省工业固定资产投资项目节能评估和审查管理办法》	2011年	江西省工业和信息化委员会
23	规范性文件	《江西省人民政府关于印发江西省"十二五"节能减排综合性工作方案的通知》	2011年	江西省人民政府
24	规范性文件	《江西省公共机构能耗统计制度补充规定》	2011年	江西省公共机构节能小组领导办公室
25	规范性文件	《江西省人民政府办公厅关于印发加快天然气推广使用实施意见的通知》	2011年	江西省人民政府
26	规范性文件	《江西省人民政府关于进一步加大工作力度确保完成全年节能减排任务的通知》	2011年	江西省人民政府
27	规范性文件	《江西省"十二五"能源发展专项规划》	2012年	江西省人民政府
28	规范性文件	《江西省人民政府办公厅关于印发江西省"十二五"新能源发展规划的通知》	2012年	江西省人民政府

续上表

序号	效力	文件名称	发布年份	发布单位
29	规范性文件	《江西省"十二五"控制温室气体排放实施方案》	2012年	江西省人民政府
30	规范性文件	《江西省节能减排"十二五"专项规划》	2013年	江西省发展改革委
31	规范性文件	《江西省人民政府关于印发江西省主体功能区规划的通知》	2013年	江西省人民政府
32	规范性文件	《江西省发展改革委关于印发江西省应对气候变化"十二五"规划的通知》	2013年	江西省发展改革委
二、		交通运输节能减排领域相关文件		
33	规范性文件	《江西省公路水路交通节能中长期规划（2008—2020年）》	2008年	江西省交通运输厅
34	规范性文件	《关于确保实现全省交通运输行业2010年节能减排目标的贯彻实施意见》	2010年	江西省交通运输厅
35	规范性文件	《关于进一步加强全省交通运输行业节能减排工作的意见》	2010年	江西省交通运输厅
36	规范性文件	《关于开展全省"车、船、路、港"单位低碳交通运输专项行动的通知》	2010年	江西省交通运输厅
37	规范性文件	《江西省道路运输车辆燃料消耗量检测和监督管理办法实施方案》	2010年	江西省交通运输厅
38	规范性文件	《江西省人民政府关于策应长江黄金水道建设提升水运发展水平的若干意见》	2010年	江西省人民政府
39	规范性文件	《江西省人民政府办公厅关于印发江西省机动车排气污染防治实施方案的通知》	2010年	江西省人民政府
40	规范性文件	《江西省公路水路交通运输节能减排"十二五"规划》	2011年	江西省交通运输厅

续上表

序号	效力	文件名称	发布年份	发布单位
41	规范性文件	《关于印发2011年全省交通运输系统节能节电全民行动方案的通知》	2011年	江西省交通运输厅
42	规范性文件	《江西省人民政府办公厅关于印发江西省现代物流业"十二五"发展规划的通知》	2012年	江西省人民政府
43	规范性文件	《江西省人民政府办公厅关于印发江西省综合交通运输体系"十二五"发展规划的通知》	2012年	江西省人民政府
44	规范性文件	《全省交通运输行业2013年节能减排工作要点》	2013年	江西省交通运输厅
45	规范性文件	《江西省人民政府关于进一步加快交通运输事业发展的意见》	2013年	江西省人民政府

同时,江西省交通运输行业一方面积极贯彻落实国务院、交通运输部、江西省委省政府的相关法规政策、规章制度,并结合全省交通运输发展实际,研究制订了促进交通运输节能减排与绿色循环低碳发展的一系列政策措施,包括公交优先发展政策、缓解交通拥堵、节能减排激励政策等,为交通运输节能减排规划目标的顺利实现提供了有力保障。

江西省交通运输厅也出台了一系列的行业指导性文件。例如:制定发布了《江西省公路水路交通节能中长期规划(2008—2020)》、《江西省公路水路交通运输节能减排"十二五"规划》以及各年度工作要点;出台了《关于确保实现全省交通运输行业2010年节能减排目标的贯彻实施意见》、《关于进一步加强全省交通运输行业节能减排工作的意见》、《关于开展全省"车、船、路、港"单位低碳交通运输专项行动的通知》、《江西省道路运输车辆燃料消耗量检测和监督管理办法实施方案》、《关于印发2011年全省交通运输系统节能节电全民行动方案的通知》等文件(具体见表1-3)。

各地市也根据自身实际制定发布了相关政策文件,典型的如:南昌市近年来先后出台了《污染减排工作实施方案》(2008年)、《南昌市污染减排工作目标责任制考核办法》(2009年)、《南昌市关于确保实现"十一五"节能减排目标的贯彻实施意见》(洪府发〔2010〕18 号)、《节能减排预测预警应急调控工作方案》(2010 年)、《南昌市 2011 年度主要污染物总量减排计划》(洪府厅发〔2011〕47 号)和南昌市 2011 年节能工作指导意见。

1.2.3.3 加大节能减排资金投入，低碳调控引导作用初显

1) 积极争取交通运输部节能减排专项资金补助

2011—2013 年期间，江西省交通运输厅积极组织全省交通运输企业申报交通运输部节能减排专项资金补助，截至目前，全省共有 13 个项目先后获得了部节能减排专项资金补助 1 362 万元，极大地调动了企业节能减排的积极性，详见表 1-4。另外，其中：南昌绿色低碳交通城市区域性项目已获得 2012 年度资金 2 900 万元。

2011—2013 年江西省获交通运输部节能减排专项资金支持项目　　表 1-4

序号	申请单位	项目名称	中央补助金额（万元）
1	新余市春宇汽车运输（集团）长青有限公司	新余市物流公共信息平台	134
2	新余市道路运输管理处	道路运输车辆维护检测信息系统	67
3	江西省交通运输厅信息中心	公众出行信息与应急服务系统	303
4	江西东讯泰富传媒有限公司	出租汽车智能调度管理系统	193
5	江西长运股份有限公司	营运客车燃料消耗量准入与退出工程	30
6	江西长运股份有限公司	公路客运企业车辆智能化运营管理与公众出行信息服务系 PDCA 工程	81
7	南昌市公共交通总公司	基于位置服务（LBS）的南昌市公共交通综合信息服务平台建设	80
8	江西省萍乡市公共交通总公司	智能调度系统在城市公交中的应用	162
9	南昌市公共交通总公司	安全行车管理综合监控体系建设	38
10	江西交远物流有限公司	南昌保税物流中心公共物流信息平台	30

续上表

序号	申请单位	项目名称	中央补助金额(万元)
11	萍乡市达金物流有限公司	营运车辆智能化资源调度和监控管理系统	154
12	九江市公共交通集团公司	智能调度系统在城市公交中的运用	43
13	赣州华宏汽车有限公司	绿色汽车维修节能减排技术应用	47
14	南昌市交通运输局	区域性管理试点	2 900
	合计		**4 262**

2）安排省级节能减排专项资金鼓励企业开展节能减排项目

开展节能减排工作以来，江西省加大投入力度，实施了一批重大节能和资源综合利用项目。2008年，江西省发展和改革委员会、江西省财政厅联合发布了《关于下达2008年省财政节能专项资金补助项目计划的通知》（赣发改工业字〔2008〕1377号）和《江西省财政厅关于下达2008年省节能专项补贴经费的通知》（赣财〔2008〕201号）文件，根据上述文件，安排3 000万元的省级财政节能专项资金，重点支持工业、交通、建筑、社会等领域节能项目建设。经过筛选，最终补助项目共11项，其中有3项属于交通运输行业，总投资额26 874.51万元，项目完成后可实现年节能量3.94万吨标准煤。项目情况见表1-5。

1.2.3.4 积极开展试点示范，绿色循环低碳发展理念逐步建立

组织推选节能减排示范项目，开展组织试点示范。全省共有5家交通运输企业入选国家发展改革委"万家企业节能低碳行动"名单（表1-6），有31家交通企业被列入江西省"车、船、路、港"千家企业低碳交通运输专项行动参与企业（表1-7）；全省有3个项目被交通运输部列为示范项目（表1-8）；南昌市被交通运输部列为首批低碳交通运输体系建设试点城市，并被确定为全国首个绿色低碳交通城市区域性试点城市，首批节能与新能源车辆推广应用"十城千辆"试点城市；新余市被财政部列为全国首批节能减排财政政策综合配套示范城市之一。部省两级甩挂运输示范企业总计达到3家（表1-9）。

表1-5 江西省发展改革委2008年省财政节能专项资金补助项目

序号	项目名称	隶属关系	总投资额（万元）	项目内容	年节能量（吨标准煤）	实施年限	补助金额（万元）
1	南昌市公交总公司南昌公交系统节能改造项目	南昌市直属	13 861.43	对昌南、洪城客运站及130个高度至3.2个停车场,1000余个站台进行照明节能技术改造;对现有2 500辆公交车进行汽车运行调度智能改造及站牌进行LED显示屏改造	28 400	2005—2009年	120
2	江西长运客运股份有限公司公路客运综合节能项目	南昌市直属	11 695	采用"优选车最佳使用油耗区"节能模式,每年更新100辆使用子午线轮胎的营运大客车,对2 500余台车装配GPS系统,在103辆客车上装了风扇离合器,对20辆大型客车发动机进行柴油化改造,同时将南昌长途汽车站、南昌客运北站、南昌站南站照明灯全部改造成LED节能灯	10 100	2006—2008年	110
3	南昌市路灯管理处昌北机场路、抚河路将军闸至滕王阁路段、滨江路滕王阁至赣江花园段和南昌市路灯节能控制系统改造项目	南昌市直属	1 318.08	在机场路出口收费站至九江互通立交段全长3.5千米原有的路灯之间安装辅助太阳能路灯;把抚河路将军闸至滕王阁路段原有灯具、光源、电器更换成无机天阳能LED光源,在滨江路滕王阁至赣江花园段原有路灯之间安装辅助太阳能路灯,同时对南昌市路灯节控制系统升级改造	910	2008—2009年	160
	合计		26 874.51		39 410		390

江西省交通运输能源消费现状与评价

江西省入选国家"万家企业节能低碳行动"交通运输企业名单　　表1-6

序号	企业名称	"十二五"期节能量目标（万吨标准煤）
1	南昌市公共交通总公司	18 705
2	江西长运股份有限公司	7 866
3	江西宜春汽车运输股份有限公司	5 000
4	景德镇市公共交通公司	1 517
5	上饶汽运集团有限公司	249
	合计	33 337

江西省"车、船、路、港"千家企业低碳交通运输专项行动参与企业　　表1-7

序号	企业名称	企业类型
1	江西省高速公路投资集团有限责任公司	路
2	江西省公路开发总公司	路
3	江西高速公路赣粤股份公司	路
4	江西方兴科技有限公司	路
5	江西赣粤高速工程公司	路
6	江西交通建设工程项目管理公司	路
7	江西畅行高速公路服务区开发经营有限公司	路
8	江西赣粤高速公路养护工程有限责任公司	路
9	江西省远洋运输公司	船
10	南昌国际集装箱码头有限公司	港
11	江西省工程船厂	船
12	鄱阳县江海船舶修造厂	船
13	上港集团九江港务有限公司	港
14	江西水运集团有限公司	船
15	中国船舶工业闽赣有限公司	船
16	江西南昌长运有限公司	车
17	新国线集团（江西）运输有限公司	车
18	江西宜春汽车运输股份有限公司	车
19	江西吉安长运有限公司	车
20	上饶汽运高速客运有限公司	车
21	上饶汽运集团有限公司	车
22	九江长途汽车运输股份有限公司	车

续上表

序　号	企业名称	企业类型
23	江西萍乡长运有限公司	车
24	江西省景德镇长运有限公司	车
25	江西新余长运有限公司	车
26	江西省鹰潭市汽车运输有限责任公司	车
27	吉安市映山红旅游汽车有限公司	车
28	江西抚州长运有限公司	车
29	抚州市旅游汽车运输有限公司	车
30	抚州集群实业有限公司	车
31	抚州市龙祥汽运有限公司	车

江西省列入交通运输部节能减排示范项目列表　　表1-8

序　号	项目名称	承担单位	备　注
1	优选客车最佳使用油耗区 打造节能型高速公路客运	江西长运股份有限公司	
2	隧道节能照明系统在景鹰高速公路高傍下隧道的应用	江西省交通厅信息处	
3	沥青混合料厂拌冷再生技术在昌九公路改造中的应用	江西赣粤高速公路股份有限公司	

江西省列入国家甩挂运输试点项目名单　　表1-9

序　号	项目名称	参与企业	备　注
1	萍乡市达金物流有限公司甩挂运输试点项目	金山物流园甩挂运输站场	—
2	江西三志物流有限公司甩挂运输试点项目	—	—
3	江西昌荣物流有限公司甩挂运输试点项目	—	—

1.2.3.5　强化政府监管,节能减排管理能力不断提升

近年来,江西省交通运输行业根据自身区域特点及发展环境制订了一系列符合绿色循环低碳发展要求、切实有效的节能减排管理措施。

1)切实强化运输市场监管

着力加强运输市场的监管,认真贯彻落实交通运输部有关运力调控要求,对所有新增班线运力的申请业务认真审核,严格执行实载率低于70%的班线不予

新增运力的政策。同时,运用各种先进技术和管理手段,进一步提高营运车辆实载率、客座率和运输周转能力。

2)严格实施营运车辆燃料消耗量限值标准及准入

严格执行交通运输部《道路运输车辆燃料消耗量检测和监督管理办法》,对企业新增、报废更新的车辆,严格按照燃料消耗量限值标准进行核查,从源头上严把业务办理的审核关,在配发《道路运输证》时,将燃油消耗量作为必要指标,禁止高耗油车辆进入道路运输市场,确保营运车辆的燃料消耗量符合标准。

3)严格控制营运车辆污染物排放

综合采取措施切实加强营运车辆的尾气治理,确保达标排放,斩断客货车的"黑尾巴",启动对《江西省机动车排气污染防治条例》的修订工作,许多地市实施区域限行管制,禁止"黄标车"、尾气排放不达标的车辆进入划定的限行区域,通过分步扩大限行区域,逐步将"黄标车"、"低标车"从城区挤出,减少城区机动车排气污染负荷。

4)加快推进内河船型标准化建设

近年来,江西省交通运输厅研究制定印发了《江西省运输船舶标准船型主尺度系列(普通货船、集装箱船、化学品船、油品船)》四个地方标准,组织实施内河船型标准化工程作为调整船舶运力结构、推动水路运输节能的重要抓手,加强政策宣传,加强规范引导,加强市场监管,限制能耗高、污染大的船型发展,加快淘汰落后船型。

5)进一步完善能源统计和节能减排监测考核体系

加快部署公路、水路和港口码头能源消耗统计和节能减排监测考核工作,制订具体的管理办法,进一步强化交通运输行业能源统计业务能力建设,加强节能减排的监测考核,实施能源消耗动态管理。强化政府和企业责任,建立健全交通运输行业节能减排工作目标责任制,促进交通运输行业节能减排工作取得实效。

1.2.4 存在的主要问题与成因

江西省交通运输行业在节能减排方面取得较好成绩的同时,面对国家日益严峻的能源环境形势和不断提高的节能减排要求,江西省交通运输行业在结构性节能减排、技术性节能减排、管理性节能减排等方面还存在一些问题,主要体现在以下几个方面。

1.2.4.1 交通运输结构性矛盾尚未根本解决

综合运输结构不尽合理。各种运输方式的比较优势尚未得到充分发挥,各种运输方式之间衔接不畅、尚未形成有效的协调配合,运输设施缺乏统筹规划,交通运输资源未得到充分利用,难以做到"宜路则路、宜水则水"。

基础设施网络化程度还较低。公路网络结构仍不完善,国省干线已成为突出的薄弱环节,局部路段交通运输拥挤、绕行等不合理运输现象时有发生;公路干支结构不尽合理,等外公路所占比例仍然较高;交通运输枢纽、城市交通运输与交通运输干线之间的衔接不够顺畅;内河高等级航道偏少,码头泊位大型化、专业化和现代化水平还有待进一步提升,三级以上航道所占比例较小,500吨级以上码头泊位所占比例较低。

运输装备结构不尽合理。公路普通货运运力供给过剩,车辆更新缓慢,技术状况差,甩挂运输发展滞后,大型车、专业化车辆比例不高;内河船舶标准化、系列化水平较低,低于全国平均水平,船龄结构不合理,平均船龄较高。

能源消费结构亟待优化。交通运输行业能源消费过度依赖石油,替代能源、可再生能源利用几乎为空白。

1.2.4.2 交通运输技术性节能减排存在的问题

节能减排科技研发投入不足,创新激励机制有待完善。节能减排高新技术和先进适用技术研发滞后,特别是对替代能源、节能减排环保型运载工具、现代信息技术等一些有重大带动作用的共性和关键技术研究开发不够。缺乏鼓励节能减排技术、产品推广的配套激励政策和机制,节能减排技术、产品的推广应用进展缓慢。

行业信息化水平还有待进一步提升。ITS、ETC、GPS等现代信息技术应用推广力度仍需进一步加大,公众出行和货物交易信息服务能力还有待增强。

交通运输节能减排技术服务体系仍需完善。节能减排技术产品和服务市场还有待进一步规范,行业协会等中介组织的作用尚未充分发挥。

1.2.4.3 交通运输管理性节能减排存在的问题

运输市场发展滞后,集约化与规模化程度低。道路运输和内河航运市场主体"多、小、散、弱",运输组织覆盖网络有限,组织方式总体还比较粗放,运输组织化程度低,特别是道路货运里程利用率较低,交通运输系统整体运行效率和运输效率有待提升。

节能减排政策法规和标准规范体系不完善,体制机制性障碍尚未根本消除,节能减排统计监测等基础性工作薄弱,节能减排绩效评价考核指标体系尚未建立,交通运输建设工程节能减排设计标准建设滞后。

交通运输节能减排监督管理亟待加强。适应市场经济体制的交通运输行业节能减排监管体系有待完善,交通运输节能减排长效机制尚未形成。市场准入、退出机制不健全,交通运输固定资产投资项目节能减排评估制度落实不到位,节能减排的源头控制不力。

相关产业政策不配套,财税、规费等经济性政策激励力度不足,总体上处于"经济上好处不够、政策上推动不够、法制上约束不够、工作上力度不够"的薄弱状态,节能减排监管能力和水平亟待提升。

1.3 交通运输能耗统计、监测与考核体系现状

交通运输以满足人们的出行需求和经济社会发展所需的货物运输需求为目标,具有较强的基础性、公益性和服务性,交通运输行业的产值指标并不能合理反映其工作量或运输量。因此,长期以来交通运输行业主要通过以单位运输周转量能耗为核心的统计指标体系来科学计量和评估行业节能减排工作状况。

20世纪80年代交通运输行业就制定了交通运输能耗统计的相关报表制度,经过了多次的完善与调整,形成了一套交通运输能耗统计体系。

长期以来,全国能源消耗的统计主要来源于《中国统计年鉴》和《中国能源统计年鉴》,其中按行业划分的能源消费量将交通运输、仓储和邮政业分为一类行业,其能耗统计指标包括能源消费总量以及煤炭、焦炭、原油、汽油、煤油、柴油、燃料油、天然气、电力等分能源品种的消费量。但是能源消耗并没有将交通运输与仓储、邮政业分开,更没有将交通运输细分为公路运输、水路运输、管道运输、城市交通、铁路、民航等不同运输方式的能源消耗量。

2008年,国家统计局成立了能源统计司,统一归口全国能源统计工作;同时,国家统计局成立了服务业统计司(服务业调查中心),交通运输统计归口服务业调查中心。因此,交通运输能耗统计现状可包含以下几方面。

1.3.1 国家统计局能源统计工作情况

1.3.1.1 能源统计司统计工作情况

目前,国家统计局能源统计司作为国家能源统计权威机构,每年正式发布《中国能源统计年鉴》,其中与交通运输行业相关的统计数据包括:交通运输、仓储和邮政业的能源消费总量和分燃料类型的能源消费总量,具体见表1-10。

国家统计局《中国能源统计年鉴》数据统计表　　　　表1-10

统计范围	统计指标	总量（万吨标煤）	按燃料类型分			
			汽油（万吨）	柴油（万吨）	…	电力（亿千·时）
交通运输、储运和邮政业	交通运输、仓储和邮政业能源消耗					

国家统计局能源统计司并不公布与公路水路交通运输相关的能耗数据,但其内部掌握年度道路运输业、城市公共交通业、水上运输业、铁路运输业、航空运输业、装卸搬运及其他运输服务业等的能耗细分数据,见表1-11：

国家统计局能源统计司内部掌握的数据统计表　　　　表1-11

行　业	消费合计（万吨标准煤）	按燃料类型分			
		汽油合计（万吨）	柴油合计（万吨）	…	电力（亿千瓦·时）
交通运输储运业和邮政业					
其中:道路运输业					
城市公共交通业					
水上运输业					
铁路运输业					
航空运输业					
管道运输业					
装卸搬运及其他运输服务业					
仓储业					
邮政业					

注:水上运输业包括水路运输及港口。

1.3.1.2　服务业调查中心统计工作情况

自2007年开始,国家统计局服务业统计司(服务业调查中心)按照《国务院批转节能减排统计监测及考核实施方案和办法的通知》的要求,开始制定并实施《公路、水路运输和港口能源消费统计报表制度》并每年按省份组织实施调查,并能够获取分省份的公路水路运输及港口能耗(表1-12～表1-14)。服务业调查中心的能耗数据作为国家统计局内部掌握的数据,是为能源统计司交通运输相关能耗数据服务的,目前并不对外公布。但从目前执行情况来看,能源统计司仅将服务业调查中心的数据作为参考,两者之间也并未衔接。

国家统计局服务业调查中心的公路运输能耗数据调查表　　表 1-12

			总油耗 （万升）	百车千米油耗 （升/百千米）	年平均行驶里程 （千米/车）
货车	汽油	2 吨以下（含）			
		2 吨以上			
	柴油	2 吨以下（含）			
		2～4 吨			
		4～8 吨			
		8～20 吨			
		20 吨以上			
客车	汽油	7 座以下（含）			
		7～15 座			
		15 座以上			
	柴油	7 座以下（含）			
		7～15 座			
		15～30 座			
		30 座以上			

国家统计局服务业调查中心的水路运输能耗数据调查表　　表 1-13

	柴油消费量 （吨）	汽油消费量 （吨）	燃料油消费量 （吨）	电力消费量 （万千瓦·时）	煤炭消费量 （吨）
远洋					
沿海					
内河					
合计					

国家统计局服务业调查中心的港口能耗数据　　表 1-14

	柴油消费量 （吨）	汽油消费量 （吨）	燃料油消费量 （吨）	电力消费量 （万千瓦·时）	煤炭消费量 （吨）	吞吐量 （万吨）
沿海港口						
内河港口						
合计						

1.3.2 国家发展改革委节能考核工作情况

1.3.2.1 单位GDP能耗考核

《单位GDP能耗考核体系实施方案》起源于国家"十一五"规划纲要提出的"十一五"期间单位GDP能耗降低20%左右、主要污染物排放总量减少10%的约束性指标。由于"十一五"期间，许多地方对干部的考核仍主要侧重于经济增长、招商引资等内容，把GDP增长作为硬任务，把节能减排作为软指标。这造成对节能减排相关工作认识不到位、责任不明确、措施不配套、政策不完善、投入不落实、协调不得力等问题，使得"十一五"节能减排目标难以实现。

"十二五"期间，国家发展改革委开展单位GDP能耗考核在指标和考核程序上有所调整，强化了对"十二五"节能目标进度的考核，增加了年度进度跟踪内容，并按"十二五"节能减排综合性工作方案对节能措施要求进行了梳理。考核的对象是各省（自治区、直辖市）人民政府，主要考核采取节能目标完成指标和节能措施落实指标两大类，节能目标完成情况以各省（自治区、直辖市）年度节能目标和"十二五"节能目标进度为基准，分别依据统计局核定的节能目标完成情况和"十二五"节能目标进度完成情况进行评分。打分过程中，一项名为年度节能目标的指标虽然分值仅为10分，但却定性为否决性指标，也就是说，只要没有完成年度节能目标的，考核结果一律为未完成等级。节能措施落实情况为定性考核指标，主要包括：目标责任、结构调整、重点工程、节能管理、技术推广、经济政策、监督检查、市场化机制推广、基础工作和能力建设等方面政策措施。考核实行打分制，总分100分，其中，节能目标完成情况40分，节能措施落实情况为60分。

针对考核对象，规定了具体考核程序和步骤。对省级人民政府的节能评价考核，由国家发展改革委会同监察部、人事部、国资委、质检总局、统计局、能源办等部门组成评价考核工作组，通过现场核查和重点抽查等方式进行，形成综合评价考核报告，评价考核结果经国务院审定后，由国家发展改革委向社会公告。

1.3.2.2 万家企业节能低碳目标责任考核

"十二五"以来，为深入推进万家企业节能低碳行动，确保实现万家企业"十二五"节能2.5亿吨标准煤的目标，根据《国务院批转节能减排统计监测及考核实施方案和办法的通知》(国发〔2007〕36号)、国家发展改革委等12个部门《关于印发万家企业节能低碳行动实施方案的通知》(发改环资〔2011〕2873号)要求,国家发展改革委组织制订了《万家企业节能目标责任考核实施方案》。

省级人民政府节能目标责任评价考核计分表　　　　　表1-15

考核指标	序号	考核内容	分值	评 分 标 准
节能目标 (40分)	1	年度节能目标	10	完成或超额完成年度单位地区生产总值能耗降低率目标得10分,未完成不得分。本指标为否决性指标,只要未完成年度目标值即为未完成等级。节能目标完成情况晴雨表中连续两个季度为一级预警扣0.5分。连续3个季度为一级预警扣1分
节能目标 (40分)	2	"十二五"节能目标进度	30	单位地区生产总值能耗降低率目标完成进度达到"十二五"节能目标进度要得30分。每超过进度目标要求2个百分点加1分,最多加3分。未达到进度目标要求的,完成进度目标在90%~100%之间的扣20分(含90%,下同),完成80%~90%的扣23分,完成70%~80%的扣26分,完成进度低于进度目标70%以下的不得分
节能措施 (60分)	3	目标责任	5	1. 合理分解节能指标,1分 2. 加强目标责任评价考核,2分 3. 实施问责和表彰奖励制度,1分 4. 节能工作领导机构和协调机制得到实际运行,1分
节能措施 (60分)	4	结构调整	6	1. 六大高耗能行业产值(现价)占地区工业总产值比例下降,2分 2. 实施固定资产投资项目节能评估和审查制度,2分 3. 第三产业增加值(现价)占地区生产总值比重上升,2分

续上表

考核指标	序号	考核内容	分值	评 分 标 准
节能措施 (60分)	5	重点工程	5	1.组织实施重点节能工程,2分
				2.节能专项资金增长情况,3分
	6	节能管理	27	1.合理控制能源消费总量,1分
				2.强化重点用能单位节能管理,4分
				3.工业节能,9分
				4.建筑节能,8分
				5.交通节能,2分
				6.商业和民用领域节能工作情况,1分
				7.公共机构领域节能工作情况,2分
	7	技术推广	2	1.节能技术研发资金占财政收入比例逐年增加,1分
				2.开展节能技术产业化示范和推广应用,1分
	8	经济政策	4	1.实施促进节能的价格政策,2分
				2.落实节能税收支持政策,2分
	9	监督检查	2	1.出台和完善节约能源法配套法规、规范性文件等,1分
				2.开展节能执法监督检查等,1分
	10	市场化机制推广	2	1.实施电力需求管理,1分
				2.推广实施合同能源管理,1分
	11	基础工作和能力建设	7	1.实施高耗能产品能耗限额标准,1分
				2.重点企业加强能源计量工作,2分
				3.加强节能服务、监察能力建设,1分
				4.加强节能统计能力建设,2分
				5.动员全社会参与节能,1分

1) 总体思路

按照《万家企业节能低碳行动实施方案》的要求,坚持指标完成与措施落实相结合,定量考核与工作评价相结合,统一标准与分类考核相结合,依法强化对万家企业的节能监管,通过开展节能评价考核,形成倒逼机制,促进万家企业落实各项节能政策措施,提高节能管理水平,建立节能长效管理机制,确保实现"十二五"节能目标。

2) 考核对象、内容和方法

考核对象。国家发展改革委公告的万家企业节能低碳行动企业名单内的用能单位。

考核内容。包括节能目标完成情况和节能措施落实情况两个部分。节能目标完成情况指"十二五"节能目标进度完成情况。节能措施落实情况包括组织领导、节能目标责任制、节能管理、技术进步、节能法律法规标准落实等情况。

考核方法。采用量化评价办法,根据万家企业节能低碳行动实施方案要求,针对不同领域的企业,相应设置节能目标完成情况指标和节能措施落实情况指标,满分为100分。节能目标完成情况为定量考核指标,以国家发展改革委公告的"十二五"节能目标为基准,根据企业每年完成节能情况及进度要求进行评分,分值为40分,节能目标完成情况为否决性指标,未完成节能目标,考核结果即为未完成等级;节能目标完成超过进度要求的适当加分。

节能措施落实情况为定性考核指标,根据企业落实各项节能政策措施情况进行评分,满分为60分,对开展创新性工作的,给予适当加分。具体考核指标及评分方法见表1-16。

交通运输企业(道路运输)节能目标责任评价考核指标及评分标准 表1-16

考核指标	序号	考核内容	分值	评分标准	评分细则	得分
节能目标(40分)	1	"十二五"节能量进度	40	完成节能量进度目标,40分	节能量进度目标按照每年完成"十二五"节能量目标的20%计算,即第一年实际完成节能量不低于"十二五"节能量目标的20%,第二年累计不低于40%,第三年累计不低于60%,第四年累计不低于80%,第五年累计不低于100%。根据节能主管部门掌握的能耗数据,核算当年实际完成节能量,达到节能量进度目标的,得40分;未达到的不得分。每超过进度目标10个百分点加1分,最多加2分。本指标为否决性指标,未完成的不得分,并且直接考核为未完成等级	

续上表

考核指标	序号	考核内容	分值	评分标准	评分细则	得分
节能措施 (60分)	2	组织领导	6	1.建立节能工作领导小组,2分	成立以企业主要负责人为组长的节能工作领导小组,得1分;定期研究部署企业节能工作,并推动工作落实,得1分。核查成立领导小组文件、相关会议纪要等	
				2.设立专门能源管理岗位,3分	设立专门能源管理岗位,得1分;聘任能源管理负责人,得1分;明确工作职责和任务,并提供工作保障,得1分。核查设立岗位的相关文件、聘任文件、工作职责和工作总结等材料	
				3.企业能源管理负责人具备能源管理师资格,1分	开展能源管理师试点地区的企业能源管理负责人取得节能主管部门颁发的能源管理师资格证书,得1分。非试点地区,本项不扣分。查看能源管理师证书	
	3	节能目标责任制	6	1.分解节能目标,2分	将节能目标分解到部门,得1分,分到岗位,得1分。核查分解和落实节能目标的相关证明材料	
				2.定期开展节能目标完成情况考评,2分	制定考核管理办法,得1分;定期对节能目标完成情况进行考评,得1分。核查考核办法、考评实施等相关文件	
				3.落实节能考核奖惩制度,2分	将节能目标完成情况纳入员工业绩考核范围,得1分;根据节能目标完成情况,落实奖惩措施,得1分。核查绩效考核文件、实施奖励、处罚等相关材料	
	4	节能管理	25	1.建立企业能源管理体系,5分	按照《能源管理体系 要求》(GB/T 23331—2012),建立体系文件,得1分;通过管理体系认证或评价,得2分;按照体系文件要求实际运行,形成持续改进能源管理体系,效果明显,得2分。核查能源管理体系文件、认证证书、评价报告、运行和改进记录等相关材料	

续上表

考核指标	序号	考核内容	分值	评分标准	评分细则	得分
节能措施（60分）	4	节能管理	25	2.组织参加能源管理师培训考试,1分	有1人以上取得节能主管部门认可的能源管理师资格,得1分。核查参加培训的文件、能源管理师资格证书等。非试点地区,本项不扣分	
				3.加强能源统计分析,2分	设立能源统计岗位,建立健全能源消费原始记录和统计台账,得1分;定期开展能耗数据分析,得1分。核查相关文件及统计分析报表等材料	
				4.执行能源利用状况报告制度,3分	安排专人填写能源利用状况报告并按时上报,得1分;能源利用状况报告符合要求,得2分。根据节能主管部门掌握的情况和现场核查结果确定	
				5.开展能源审计,2分	按照《企业能源审计技术通则》(GB/T 17166—1997),开展能源审计,得1分;落实能源审计整改措施,得1分。核查向节能主管部门报送的能源审计报告和落实整改措施的相关材料	
				6.编制实施"十二五"节能规划和年度计划,2分	编制"十二五"节能规划和年度计划,得1分;按规划和计划要求组织实施,得1分。核查节能规划、年度节能计划、实施项目的相关材料	
				7.开展能效对标活动,2分	制订能效对标方案,得1分;组织实施,得1分。核查对标方案和实施活动的相关材料	
				8.优化运输组织方式,提升运输效能,2分	新增运力采用能效较高的运输工具,得1分;利用信息通信等技术,提高运输效率,减少空驶率,得1分。根据交通运输主管部门提供情况或企业提供的具体证明材料确定	
				9.建立健全节能激励约束机制,2分	建立健全节能激励约束制度,安排节能奖励资金,得1分;奖励在节能管理、节能发明创造、节能挖潜降耗等工作中取得优秀成绩的集体和个人,惩罚浪费能源的集体和个人,得1分。核查建立实施奖励和处罚的相关材料	

续上表

考核指标	序号	考核内容	分值	评分标准	评分细则	得分
	4	节能管理	25	10. 开展节能宣传教育,1分	定期开展节能宣传教育活动,得1分。核查开展活动的相关材料	
				11. 执行运输车辆燃油消耗量限值准入制度,2分	以油耗量限制标准作为采购运输工具的依据,得2分。根据交通运输主管部门提供情况或查阅车辆技术资料确定	
				12. 开展节能培训和岗位技能竞赛,1分	定期组织对能源计量、统计、管理和驾驶员进行节能培训,开展岗位技能竞赛,得1分。核查培训证书和开展活动的文件等	
节能措施 (60分)	5	技术进步	15	1. 安排专门资金用于节能技术进步等工作,3分	安排专门资金,开展技术研发和改造等工作,得3分。核查资金使用计划及实施项目等相关材料	
				2. 制订节能与新能源运输车辆发展计划并组织实施,2分	制订计划,得1分;组织实施,得1分。核查有关文件及车辆档案或台账等情况	
				3. 研发和应用节能技术、产品和工艺,4分	开展节能新技术研发和应用,得2分;采用节能主管部门重点推荐的节能技术、产品和工艺,得2分。核查研发项目、费用凭证和采用节能技术、产品、工艺的相关材料	
				4. 节能、绿色装备和车辆比例逐年提升,2分	推广使用节能、绿色装备和车辆,得1分;占比逐年提升,得1分。根据交通运输主管部门检查情况确定	
				5. 淘汰落后装备、运力,4分	淘汰落后车辆、装备、运力等,得4分。没有淘汰落后车辆、装备、运力,不扣分。存在未按规定淘汰落后的不得分。根据交通运输主管部门检查情况确定	
				6. 采用合同能源管理模式实施节能改造,加1分	采用合同能源管理模式实施节能改造,加1分。核查相关文件和项目	

续上表

考核指标	序号	考核内容	分值	评分标准	评分细则	得分
节能措施（60分）	6	执行节能法律法规标准	8	1.执行节能法律法规,2分	认真贯彻执行节能法律法规,在当年节能执法监察中未发现节能违法违规行为,得2分。存在节能违法、违规行为不得分。通过节能主管部门及其他相关部门执法文书和企业现场核查打分	
				2.执行能耗限额标准,2分	执行国家或地方营业性道路运输企业载客汽车燃料消耗限额和营运性道路运输企业载货汽车燃料消耗限额,得2分。存在超限额标准行为不得分。以交通主管部门检查结果为准。没有产品能耗限额标准的,不扣分	
				3.执行节能评估审查制度,4分	新、改、扩建项目落实固定资产投资节能评估审查规定,得2分;按节能设计规范和能耗标准建设场站,得2分。存在未落实评估审查制度的项目或未按节能设计规范与能耗标准建设的项目不得分。核查节能主管部门公布的相关文件。没有新、改、扩建项目,不扣分	
合计			100			

考核结果。根据考核得分情况,考核结果分四个等级,95 分及以上为超额完成、80~94 分为完成、60~79 分为基本完成、60 分以下为未完成。

方案分别针对工业企业、交通运输企业(道路运输、港航)、商贸企业、宾馆饭店、学校等不同类型企事业单位,制订了相应节能目标责任评价考核指标及评分标准,下面以道路运输企业为例进行分析。

1.3.3 交通运输部能耗统计、监测与考核工作进展情况

1.3.3.1 统计工作

1)原交通部综合规划司《全国交通统计资料汇编》年报统计

原交通部综合规划司对 1999~2007 年营运车辆、营运船舶能耗总量数据,以及历年营运车辆分车型单位能耗数据进行了日常统计,并在《全国交通统计资料汇编》、《中国交通年鉴》等上予以发布。历年营运车辆综合单耗、营运船舶

分航区单耗等其他数据均为推算数据。据了解,全国交通能耗相关的原始数据获取方法主要是"自下而上"报表统计汇总推算得出,各省级交通运输主管部门都有相应数据统计。

2）原交通部能源办典型港口航运企业年报统计

原交通部体改法规司（能源办）依据（交通能3表,[90]交体字578号）统计报表,对全国15个沿海港口和原长航局管辖的20个长江干线港的主要港口企业能源消耗,以及中远、中海、长航、黑航集团等国有大型航运企业能耗进行统计,目前有1998—2006年典型港口企业、航运企业能耗数据。

3）2008年全国公路水路运输量专项调查和第三次港口普查

2008年,交通运输部组织开展了全国公路水路运输量专项调查和第三次港口普查,其中包含相关能源消耗数据。

4）交通运输部城市客运统计数据

根据《2009年公路水路交通运输行业发展统计公报》,从2009年起,交通运输部负责全国城市客运统计。交通运输部组织各省级交通运输与住房和城乡建设部门,在原建设部《城市（县城）和村镇建设统计报表制度》的基础上,形成了2009年以来的城市客运统计数据,其中包括相关能耗统计数据。

此外,2009年开始,交通运输部道路运输司配合财政部对城市客运（公共汽车和出租汽车）与农村客运的燃油补贴发放,专门建立了信息系统,并采集了相关数据信息,其中包括城市客运能耗数据。

1.3.3.2 监测工作

2007年11月,国务院印发了《国务院批转节能减排统计监测及考核实施方案和办法的通知》（国发〔2007〕36号）,提出要建立单位GDP能耗统计指标体系、监测体系和考核体系,国家发展改革委负责合理分解各地区、各行业节能减排目标和任务,对各省级人民政府和千家重点耗能企业进行考核,国家统计局负责能源生产、库存和消费统计工作。据此规定,国家统计局、交通运输部联合印发了《关于建立公路、水路运输和港口能源消费统计报表制度的通知》（国统字〔2007〕183号）,对公路水路运输行业采取由"统计局组织对重点专业运输企业和港口全面调查,对从事公路、水上运输的个体专业运输户典型调查"方式进行日常统计工作。在交通运输部积极配合下,建立了"统计局系统负责组织实施,交通系统负责提供相关车辆（船舶）数据、运输企业名录的工作机制",并顺利完成2007年以来各年度公路、水上运输和港口能源消耗统计工作。

国家统计局开展的交通运输行业能耗统计的重点在于获取运输企业生产和

生活燃料消费总量,但对于交通运输行业来讲,为加强行业节能减排的管理,还需获取生产能耗总量、分运输类型、经营方式、车辆(船舶)种类等方面的能源结构指标,以及与能耗密切相关的影响因素。而目前国家统计局数据的细度和时间频度尚无法完全满足交通运输行业管理的需求。

鉴于此,交通运输部确定了"总量数据通过协调国家统计局获取,行业建立依托重点企业的能耗统计监测体系"的工作定位。2007年以来,在总量数据方面,交通运输部与国家统计局建立了交通运输能耗统计数据交换机制。在结构数据方面,在2008年全国公路水路运输量专项调查和港口普查中开展了营运车辆、船舶和港口的能耗调查工作,积累了一定的能耗统计数据。自2009年起,交通运输部组织开展了《交通运输能耗统计监测年度调查研究》,于2010年形成了调查方案,并组织部分省交通运输厅和企业开展了试点调查。在试点工作的基础上,经国家统计局批准,"交通运输能耗统计监测报表制度"(国统制〔2010〕146号)自2011年1月1日起正式执行。该制度旨在建立和完善基于重点联系企业的交通运输能耗统计监测体系,获取城市公交、营运车辆、营运船舶和港口的能耗及相关影响因素的数据,做到心中有数,为行业出台节能降耗政策提供支持,同时,也为国家统计局开展公路、水路、港口能源消费统计调查提供参考。

2011年交通运输能耗统计监测中共监测企业86家,其中:道路运输30家(含城市公交、出租汽车、班线客运、专业货运、普通货运等),水运14家,港口42家。2012年,监测企业数量增加到97家。

此外,近年来,交通运输部还组织开展了"交通运输能耗统计监测体系建设"(一期和二期)项目研究工作,做好全行业能耗统计监测体系的顶层设计工作;在内河航运和道路货运领域开展了在线监测试点,探索能耗监测的信息化和智能化。在交通运输部政策法规司的大力推进下,参与"车、船、路、港"千家企业低碳交通运输专项行动的部分企业已建立了能耗监测系统。

1.3.3.3 考核工作

2008年,交通运输部启动了交通运输行业节能减排监测考核体系研究,2009年,交通运输部又在山东省组织开展了交通运输行业节能减排监测考核试点工作。2009年,山东省交通运输厅制定并印发了《山东省交通运输行业节能减排工作考核办法(试行)》(简称《考核办法》)及《实施细则》(鲁交科教〔2009〕4号),在全国交通运输行业率先建立了节能减排考核体系,取得了良好效果。《考核办法》明确了节能减排考核工作的原则、范围、组织分工、考核内容、考核办法、考核奖惩等。《实施细则》明确了考核评定标准、考核指标及评分细则、考核对象及分工、考核指标制定及工作程序,同时,按道路运输行业、公路系统、港航系统三个专业制定了节能减排工作目标考核细则。此后,山东省交通运输厅根据该办法实施情况和工作实际,组织开展了考核"办法"的修改、完善工作,进一步强化了过程控制环节,扩大了考核范围,实现了交通节能减排的全面考核,有力保障了节能减排工作的深入开展。

2012年以来,交通运输部围绕交通运输绿色循环低碳发展评价考核工作,在中央交通运输节能减排专项资金支持下安排了若干交通运输节能减排能力建设项目,组织开展了低碳交通运输体系评价指标体系、交通运输行业能源消耗与碳排放考核体系研究、低碳交通城市评价指标体系、低碳港口评价指标体系、低碳公路建设评价指标体系、低碳港口航道建设评价指标体系等项目研究。截至目前,各项目已经全面完成课题研究任务,形成了一系列覆盖领域较为全面的低碳评价指标体系、考核指标体系、测评操作手册,陆续通过了成果评审验收。2013年,交通运输部将继续组织开展绿色低碳公路运输场站评价指标体系研究等项目研究。在研究确定交通运输绿色低碳发展评价指标的基础上,交通运输部将进一步研究确定交通运输绿色低碳发展考核指标,大力推进交通运输绿色低碳发展考核体系建设。

1.3.4 江西省交通运输能耗统计、监测与考核体系现状

为贯彻《国务院批转节能减排统计监测及考核实施方案和办法的通知》精神,江西省发改委、省经贸委、省统计局和省环保局分别会同有关部门共同制订的《江西省单位 GDP 能耗统计指标体系实施方案》、《江西省单位 GDP 能耗考核体系实施方案》、《江西省主要污染物总量减排统计实施办法》、《江西省主要污染物总量减排监测实施办法》、《江西省主要污染物总量减排考核实施办法》,该办法中明确规定在《江西省人民政府办公厅关于印发对市县政府六项考核评价体系的实施方案(试行)的通知》(赣府厅发〔2007〕65号)的基础上,建立科学、完整、统一的节能减排统计、监测和考核体系,并将能耗降低和污染减排完成情况纳入各地经济社会发展综合评价体系,作为政府领导干部综合考核评价和企业负责人业绩考核的重要内容,实行严格的问责制。

江西省交通运输行业开展能耗统计、监测和考核工作主要是依托于国家、交通运输部、江西省政府安排的能耗统计、监测与考核的任务。从行业节能减排工作的角度来看,关键是要掌握准确合理的能源消耗和碳排放的基础数据,即全面系统地掌握江西省分领域、分运输方式、分能源品种的能源消费量、能源结构、能

源消费模式等关键数据的现状及其演变趋势。除此之外,还需掌握与节能减排目标相关的交通运输服务量(如客货运输周转量、港口生产吞吐量、城市客运量等)和相关经济数据(如行业增加值),而这些关键数据的获得必须经由科学的统计调查方法和完善的监测体系才能实现。

1.3.4.1 统计工作现状

江西省交通运输能耗统计工作主要为了配合江西省统计局开展相应的数据报送工作,主要通过国家统计局公布的统计报表形式,通过人工填报进行统计。与交通相关的能耗统计报表包含能源平衡表(实物量、标准量)、分行业终端能源消费量(实物量、标准量)、主要能源消费与库存、地区能源消费与单位GDP能耗,涉及统计指标包含交通运输、仓储和邮政业的能耗总量统计,也涉及铁路运输业、道路运输业、城市公共交通业、水上运输业、航空运输业、管道运输业、装卸搬运和其他运输服务业、仓储业、邮政业的分行业能耗统计。交通运输能耗消费主要指在厂区内外进行交通运输活动的交通运输工具所消费的能源。生产交通运输工具的企业(如造船厂、汽车制造厂),向成品轮船、汽车中添加动力用油,应作为交通运输工具消费。如果工业企业所属的车队是独立核算的企业,其消费的能源既不能包括在"工业企业能源消费"中,也不包括在"运输工具消费"中,它的消费应为交通运输业企业消费。从报表的统计程序来看,"主要能源消费与库存"由省直有关部门上报;"全社会用电量情况"由省电力公司上报;"地区能源消费与单位GDP能耗"(表1-18)根据相关指标计算和填报,并由设区市统计局负责整理上报省局。"能源平衡表(实物量)"(表1-17)、"分行业能源消费量(实物量)"、"分行业终端能源消费量(实物量)"、"能源平衡表(标准量)"、"分行业终端能源消费量(标准量)"调查方法由各设区市统计局自行确定;其他统计报表由各设区市统计局负责组织实施,按规定的范围对统计对象进行调查。目前,江西省交通运输行业根据统计局填报制度,也通过地方主管部门搜集年度数据,由江西省交通运输厅规划处统一整理,并每年发布行业统计资料汇编。行业目录见表1-19。

这些基础数据的获得主要来源于:对交通运输领域所有规模以上企业实行年度调查,调查方式为企业上报常规数据(包括主要能源品种的消费总量和运输工具的能源消费量);对规模以下企业实行抽样调查,然后推算加总获得最终数据。在这些统计报表中,虽然有分品种能源消耗量,但没有区分车辆类型的能源数据,也没有相应的运输中转量数据,无法准确计算各种类型交通运输工具的单位运输周转量能耗。因此,交通运输行业的能耗统计工作不够细致,数据准确性和可靠性难以保证。同时,由于缺少与车辆能源消耗所相应的运输周转量的统计数据,使得主管部门难以准确计算交通运输行业的节能减排目标(主要是能源强度目标,即单位运输周转量的能耗量)的完成情况,难以找出交通运输节能减排目标管理的关键环节,难以准确预测节能减排政策及管理措施的实施效果。

江西省能源统计报表制度:能源平衡表(实物量)　　表1-17

表　　号:P303-1表
制定机关:国　家　统　计　局
文　　号:国统字〔2011〕82号综合机关名称

年　　　　　　　　　　　　　　　　　　有效期至:　年　月

指标名称	代码	煤炭合计(万吨)	原煤(万吨)	无烟煤(万吨)	烟煤(万吨)		褐煤(万吨)	洗精煤(万吨)	其他洗煤(万吨)
					炼焦烟煤	一般烟煤			
甲	乙	1	2	3	4	5	6	7	8
一、可供本地区消费的能源量	01								
1. 年初库存量	02								
2. 一次能源生产量	03								
3. 外省(区、市)调入量	04								
4. 进口量	05								
5. 境内轮船和飞机在境外加油量	06								
6. 本省(区、市)调出量(-)	07								
7. 出口量(-)	08								
8. 境外轮船和飞机在境内加油量(-)	09								
9. 年末库存量(-)	10								
二、加工转换投入(-)产出(+)量	11								
1. 火力发电	12								
2. 供热	13								
3. 煤炭洗选	14								
4. 炼焦	15								
5. 炼油及煤制油	16								
其中:油品再投入量(-)	17								
6. 制气	18								
其中:焦炭再投入量(-)	19								
7. 天然气液化	20								
8. 煤制品加工	21								
9. 回收能	22								

续上表

指标名称	代码	煤炭合计（万吨）	原煤（万吨）	无烟煤（万吨）	烟煤（万吨）		褐煤（万吨）	洗精煤（万吨）	其他洗煤（万吨）
					炼焦烟煤	一般烟煤			
三、损失量	23								
其中:运输和输配损失量	24								
四、终端消费量	25								
1.第一产业	26								
农、林、牧、渔业	27								
2.第二产业	28								
工业	29								
其中:用作原料、材料	30								
建筑业	31								
3.第三产业	32								
交通运输、仓储和邮政业	33								
批发和零售业、住宿和餐饮业	34								
其他	35								
4.生活消费	36								
城镇	37								
乡村	38								
五、平衡差额（＋、－）	39								
六、消费量合计	40								

续表一

煤制品（万吨）	煤矸石（万吨）	焦炭（万吨）	焦炉煤气（亿立方米）	高炉煤气（亿立方米）	转炉煤气（亿立方米）	其他煤气（亿立方米）	其他焦化产品（万吨）	石油合计（万吨）	原油（万吨）
9	10	11	12	13	14	15	16	17	18

续表二

汽油（万吨）	煤油（万吨）	柴油（万吨）	燃料油（万吨）	石脑油（万吨）	润滑油（万吨）	石蜡（万吨）	溶剂油（万吨）	石油沥青（万吨）	石油焦（万吨）	液化石油气（万吨）
19	20	21	22	23	24	25	26	27	28	29

续上表

续表三

炼厂干气（万吨）	其他石油制品（万吨）	天然气（亿立方米）	液化天然气（万吨）	秸秆（万吨）	薪柴（万吨）	沼气（亿立方米）	热力（万百万千焦）	电力（亿千瓦·时）	其他能源（万吨标煤）
30	31	32	33	34	35	36	37	38	39

补充资料一 电力产量　　　　　　　计量单位：亿千瓦·时

	合计	太阳能热发电	太阳能光伏发电	风电	核电	水电	其他能源发电	火电
甲	1	2	3	4	5	6	7	8
产量								

补充资料二 国际燃料舱　　　　　　计量单位：万吨

	汽油	煤油	柴油	燃料油
甲	1	2	3	4
国际航空				
国际海运				

单位负责人：　　　　填表人：　　　　报出日期：　年　月　日

江西省能源统计报表制度：地区能源消费与单位 GDP 能耗　　表 1-18

　　　　　　　　　　　　　　　　　　　　　　　表　号：P406 表
　　　　　　　　　　　　　　　　　　　　　　　制定机关：国 家 统 计 局
　　　　　　　　　　　　　　　　　　　　　　　文　号：国统字〔2011〕82 号
　　　　　　　　　　　　　　　　　　　　　　　有效期至：　　年　月

综合机关名称：
　　　　　　　　　　年　季

指 标 名 称	计量单位	代码	本期	上年同期	比上年同期增长（%）	能耗比例（%）	
						本期	上年同期
甲	乙	丙	1	2	3	4	5
一、能源消费总量（等价值）	万吨标准煤	01				100	100
（一）第一产业能源消费	万吨标准煤	02					
（二）第二产业能源消费	万吨标准煤	03					
1. 工业能源消费	万吨标准煤	04					
（1）规模以上工业能源消费	万吨标准煤	05					

续上表

指标名称	计量单位	代码	本期	上年同期	比上年同期增长(%)	能耗比例(%)	
						本期	上年同期
(2)规模以下工业能源消费	万吨标准煤	06					
2.建筑业能源消费	万吨标准煤	07					
(三)第三产业能源消费	万吨标准煤	08					
其中:交通运输业能源消费	万吨标准煤	09					
(四)居民生活用能	万吨标准煤	10					
1.城市居民生活用能	万吨标准煤	11					
2.农村居民生活用能	万吨标准煤	12					
二、GDP(可比价)	亿元	13					
三、单位GDP能耗(等价值)	吨标准煤/万元	14					

单位负责人:　　统计负责人:　　填表人:　　电话:　　报出日期:　　年　月　日

江西省能源统计报表制度:行业目录　　表1-19

消费合计	16 烟草制品业	32 黑色金属冶炼及压延加工业
一、农、林、牧、渔业	17 纺织业	33 有色金属冶炼及压延加工业
二、工业	18 纺织服装、鞋、帽制造业	34 金属制品业
重工业	19 皮革、毛皮、羽毛(绒)及其制品业	35 通用设备制造业
轻工业	20 木材加工及木、竹、藤、棕、草制品业	36 专用设备制造业
(一)采矿业	21 家具制造业	37 交通运输设备制造业
06 煤炭开采和洗选业	22 造纸及纸制品业	38 电气机械及器材制造业
07 石油和天然气开采业	23 印刷业和记录媒介的复制	39 通信设备、计算机及其他电子设备制造业
08 黑色金属矿采选业	24 文教体育用品制造业	40 仪器仪表及文化、办公用机械制造业
09 有色金属矿采选业	25 石油加工、炼焦及核燃料加工业	41 工艺品及其他制造业
10 非金属矿采选业	26 化学原料及化学制品制造业	42 废弃资源和废旧材料回收加工业
11 其他采矿业	27 医药制造业	(三)电力、燃气及水的生产和供应业
(二)制造业	28 化学纤维制造业	43 电力、热力的生产和供应业
13 农副食品加工业	29 橡胶制品业	44 燃气生产和供应业
14 食品制造业	30 塑料制品业	45 水的生产和供应业
15 饮料制造业	31 非金属矿物制品业	三、建筑业

续上表

46 房屋和土木工程建筑业	52 城市公共交通业	五、批发、零售业和住宿、餐饮业
47 建筑安装业	53 水上运输业	
48 建筑装饰业	54 航空运输业	六、其他行业
49 其他建筑业	55 管道运输业	
四、交通运输、仓储和邮政业	56 装卸搬运和其他运输服务业	七、城乡居民生活
50 铁路运输业	57 仓储业	
51 道路运输业	58 邮政业	

1.3.4.2 监测工作现状

"十一五"时期以来，根据《江西省单位GDP能耗监测体系实施方案》的要求，交通运输能耗监测主要工作一方面是为了配合省政府开展单位GDP能耗监测工作；另一方面是为了增强行业节能减排管理能力，由江西省交通运输厅规划处开展行业相应活动情况监测和分析，并按周期进行工作总结，主要通过能耗普查、重点企业监测、在线监测试点、专项调查等方式，定期为经济运行服务。当前交通运输行业节能监测的范围主要是重点用能单位的能源利用状况报告制度，重点用能单位依法要定期向管理节能工作的部门报送能源消费情况、能源利用效率、节能目标完成情况、节能效益分析、节能措施等内容的制度。

1.3.4.3 考核工作现状

江西省交通运输节能减排考核工作主要是从行业角度配合国家发展改革委、国家统计局开展单位GDP能耗考核与万家企业节能考核等工作的，督促指导行业完成考核目标。

"十一五"时期以来，依据《江西省单位GDP能耗考核体系实施方案》，按照目标明确、责任落实、措施到位、奖惩分明、一级抓一级、一级考核一级的要求，开展节能目标责任评价、考核工作，参考《国务院批转节能减排统计监测及考核实施方案和办法的通知》的要求，考核各设区市人民政府和百家重点耗能企业（包括参与国家千家企业节能行动的19户企业）节能目标完成情况和落实节能措施情况。每年3月底前，各设区市人民政府将上年度本地区节能工作进展情况和节能目标完成情况自查报告报省人民政府，同时抄送省节能减排办、省节能办。省发展改革委会同省经贸委、省监察厅、省人事厅、省国资委、省质监局、省统计局等部门组成评价考核工作组，通过现场核查和重点抽查等方式，对各设区市节能工作及节能目标完成情况进行评价考核和监督核查,形成综合评价考核报告,于每年5月底前报省人民政府。对各设区市节能目标责任的评价考核结果经省政府审定后,由省节能减排办向社会公告。

对全省百家重点耗能企业(含千家行动企业)的节能目标责任评价考核按属地原则由设区市节能主管部门负责组织实施。企业应于每年1月底前,向所在地设区市节能主管部门提交上年度节能目标完成情况和节能工作进展情况自查报告,同时抄报省节能办和省节能减排办。设区市节能主管部门组织以社会各界专家为主的评估组,对企业节能目标完成情况进行评估核查,并于每年3月底前将综合评价报告报送设区市人民政府、省节能办和省节能减排办。百家重点耗能企业节能情况评价考核结果由省节能主管部门审核汇总后,向社会公告。

1.3.5 存在的主要问题与成因

尽管近年来江西省交通运输能耗统计、监测与考核体系建设已经开展一些研究探索并取得了一些积极成效,但仍然存在以下方面的突出问题:

一是统计数据不准确。由于运输市场的高度开放性,原有计划经济体制下建立的由企业直报政府部门的运作模式已经基本失效,适应市场经济体制的新型统计模式尚未建立。目前主要统计手段依靠传统的人工填报方式,缺乏信息化等先进科技方法,导致数据失真现象严重,可信度不高;尤其是公路货运业、内河水运业中由于经营主体具有"多、小、散、弱"的特点,存在大量的个体经营户,具有车辆船舶数量多、地域分布广、流动性强,统计监测难度大,导致交通运输能耗相关统计数据无法及时准确获取,另外汽车租赁、汽车维修和停车管理业务尚未建立能耗统计、监测制度。

二是计量方法不合理。主要依靠报表统计,导致计量方法可持续性不强;交通运输领域统计对象为规模以上企业,规模以下企业又分为交通运输行业和非交通运输行业,按照主营业务划分主体,部分行业严重交叉,造成能耗重复统计。按照营业额划分,导致一些用能大户被作为抽样调查对象,调查数据与实际情况偏差较大,每年抽样完后,并未考虑车辆拥有情况。

三是交通运输能耗统计与监测指标不全面。现行有效的交通运输能耗统计报表指标和调查问卷设计相对较为简单,且针对性不强,导致能耗排放的主要影响因素难以剥离,难以支持交通运输节能减排政策实施效果以及新技术、新产品应用效果的跟踪评价。

四是考核指标不完善。目前节能减排考核指标过于简单,未涉及面向节能减排的改善公共交通、鼓励绿色出行、交通运输需求管理等方面的措施和指标;

涵盖交通运输系统的航空、铁路等行业，统筹协调难度较大，口径不一致，难以系统性考核行业发展状况，未涉及作为需求调控重点且能耗比例较大的社会交通，未考虑交通运输节能减排管理的系统性。

五是人员队伍与经费保障不力。 地方交通运输部节能减排工作缺少专业主管部门，办公室基本上都设在省交通运输厅科技处、省运输管理局等省直单位、各地市交通运输局科技等主管处（科）室，工作人员也是由各部门相关人员兼职，造成人员队伍专业知识不够、投入精力不足、事情不受重视等问题。另外，节能减排工作经费也严重缺少，统计、监测和考核工作的开展所产生的管理成本、人工成本都由主管部门自己解决，造成地方交通运输主管部门很大的负担。

六是节能减排管理体制机制性障碍突出。 目前，根据国务院关于能源统计监测考核体系建设的总体部署，交通运输能耗统计职责主要归口各级统计部门，能耗监测归口交通运输主管部门，对于考核工作职责，发展改革、统计或交通运输部门之间的不明确，相关部门之间缺乏清晰合理的职责划分与体制安排，尚未建立有效的协同协作机制。截至目前，江西省尚未建立自己的交通运输能耗统计监测体系，节能减排考核工作也没有作为日常工作的内容来开展。

2 江西省交通运输节能减排的形势与要求

2.1 交通运输节能减排面临的形势与挑战

到 2020 年,江西省将进入全面建成小康社会的关键阶段,加快转变交通运输发展方式,实现交通运输现代化的关键时期,交通运输绿色低碳发展进入新阶段,面临新形势、新要求。

2.1.1 应对气候变化迫切要求交通运输实施低碳发展战略

气候变化问题已成为影响人类社会发展和全球政治经济格局的重大战略课题。我国作为温室气体排放的主要大国之一,已成为全球关注的对象,面临巨大的国际压力。因此,中国的低碳发展已经不仅仅是一个简单的社会发展问题,还涉及国家总体发展的政治问题、外交问题。我国已经确定了积极应对气候变化的战略部署,提出了到 2020 年单位国内生产总值二氧化碳排放比 2005 年下降 40%~45% 的目标。交通运输业是国家应对气候变化工作部署中确定的以低碳排放为特征的三大产业体系之一,需要承担很大一部分温室气体减排的任务,低碳发展势在必行。据统计,目前公路水路运输能耗占全国石油及制品消耗总量的比例超过 30%,并成为温室气体和大气污染排放的重要来源。全面推进低碳发展,是交通运输行业应尽的社会责任,也是一项长期的艰巨任务。

2.1.2 建设绿色江西迫切要求交通运输加快转变发展方式,强化低碳发展

建设低碳交通运输体系是江西省交通运输行业转型升级的重要抓手。"十一五"以来,江西省交通运输行业通过政策扶持强力推进运输结构调整,促进行业转型升级,实现了企业经济效益与生态效益的双赢,但能源消耗和碳排放持续快速增长,能源安全问题和环境压力持续增大逐渐成为制约江西省交通运输发展的重要因素。"十二五"中后期和"十三五"时期是江西省加快转变发展方式

的重要时期,经济发展模式正处于由外延扩张向内涵提升转变、发展动力由要素驱动向创新驱动转变、经济形态由工业型向服务型转变的关键时期,经济社会发展转型面临严峻挑战,建设绿色江西必须以全球视野、世界眼光、战略思维认识和积极谋划全省绿色循环低碳经济发展;此外,2013年到2020年也是江西省加快构建综合交通运输体系的关键时期,交通运输业转型发展的关键时期,全省交通运输行业绿色循环低碳工作面临着"要求更高,考核更严,时间更紧"的新形势。因此,面对能源资源短缺、生态环境恶化所带来的严峻挑战,全省交通运输行业必须通过"优化结构、强化管理、整合资源、科技创新"的内涵式发展方式来解决。这就迫切要求全省加快转变交通运输发展方式,把绿色循环低碳交通运输发展建设放在更加重要的位置,实现绿色江西建设和生态环境的持续改善。

2.1.3 全面落实江西省"五位一体"总体布局,实现交通运输现代化迫切要求加快推进低碳交通运输体系建设

党的十八大报告把生态文明建设放在国家现代化建设更加突出的位置,首次将生态文明建设纳入中国特色社会主义事业"五位一体"总布局,强调树立尊重自然、顺应自然、保护自然的生态文明理念,把生态文明建设融入经济建设、政治建设、文化建设、社会建设各方面和全过程。2013年江西省人民政府工作报告提出,要牢固树立尊重自然、顺应自然、保护自然的生态文明理念,坚持节约优先、保护优先、自然修复为主的方针,突出绿色发展、循环发展、低碳发展,加大生态环境保护力度,提升生态文明水平,努力建设秀美江西。绿色循环低碳交通运输体系建设是生态文明建设的重要组成部分,全行业要把生态文明建设融入整个交通运输现代化进程之中,在发展中保护、在保护中发展,实现发展交通、改善民生、保护生态共赢,大力推动交通运输可持续发展,为建设美丽中国、实现生态文明提供基础保障。因此,交通运输行业必须按照发展绿色经济、循环经济、低碳经济的要求,加快实施绿色循环低碳发展战略。

2.2 交通运输能耗统计监测考核体系建设需求

交通运输行业能耗统计、监测、考核体系建设是国家能耗统计体系、监测体系与考核体系建设的重要组成部分,也是提升江西省交通运输节能减排和绿色低碳发展管理能力的基础。国家和江西省生态文明建设的新形势对交通运输绿色低碳发展提出了新的要求,也对江西省交通运输能耗统计、监测与考核体系建

设提出了新的期望。因此,为进一步贯彻落实国家和江西省关于生态文明建设的部署,加快推进江西省交通运输节能减排和绿色低碳发展工作,急需认真研究并积极开展江西省交通运输能耗统计、监测与考核体系建设工作。

2.2.1 深入落实国家《单位 GDP 能耗统计、监测、考核体系实施方案》的必然要求

公路、水路交通运输作为国民经济的重要基础性产业和服务性行业,在支撑经济社会发展的同时,也消耗了大量的能源,是国家重点的节能减排领域。未来一段时间,江西省经济仍将保持持续较快增长态势,经济总量不断扩大,运输需求将持续增长,交通运输必须适应这种发展要求,保持一定的发展速度和规模,公路、水路运输量将继续快速增长,交通运输对能源的需求量将越来越大,对环境的影响也日益凸显。因此,交通运输节能减排是关系江西省交通运输行业生存发展和资源节约型、环境友好型社会建设的全局性、战略性问题。交通运输能耗统计、监测与考核体系作为国家《单位 GDP 能耗统计、监测、考核体系实施方案》的重要组成部分,为进一步贯彻落实《中华人民共和国节约能源法》和《国务院批转节能减排统计监测及考核实施方案和办法的通知》,切实推进交通运输行业节能减排工作,开展江西省交通运输能耗统计、监测与考核工作是十分必要的。

2.2.2 加快推进交通运输绿色循环低碳发展的紧迫任务

交通运输节能减排是一项长期的任务,必须不断地完善节能减排的管理体系和制度建设。交通运输部《关于印发加快推进绿色循环低碳交通运输发展指导意见的通知》(交政法发〔2013〕323 号)提出,到 2020 年,要基本建成行业能源消耗监测考核体系。近年来,江西省及各地市交通运输主管部门不断加强对节能减排工作的领导和管理,逐步建立了相应的工作机构,并以贯彻落实《节约能源法》、《公路水路交通实施〈中华人民共和国节约能源法〉办法》为契机,陆续完善了相关管理制度和标准规范,为交通运输节能减排统计监测考核工作的开展奠定了基础。但总体上看,交通运输领域目前尚未形成权责明确、运行有效的节能减排工作管理体制和激励约束机制,缺乏节能减排的统计、监测与考核指标体系和规定,制约了交通运输节能减排长效机制的建立。因此,开展节能减排统计、监测与考核工作,是推动交通运输节能减排工作的紧迫任务;通过统计、监测与考核工作的开展,有利于发现节能减排工作存在的问题,并有针对性地解决问

题,进一步扩大节能减排的成果,推进节能减排工作的深入开展。

2.2.3 提升行业节能减排管理能力的客观要求

建设交通运输能耗统计、监测与考核体系是科学评价行业节能降耗进展的基本保障措施。随着交通运输行业深入贯彻执行国务院有关节能减排的相关政策法规,并在节能减排的战略规划、行业标准、政府引导、典型示范、节能指标体系及计算方法等方面工作的不断推进与细化,在建立健全能耗统计指标体系的基础上,建设比较完善的交通运输节能减排监测、考核体系是行业节能减排工作的重要基础与客观需求。通过设定比较完善合理的指标体系,对各项能耗指标的数据质量实施全面监测,不但能够评估各地、各重点企业能耗数据质量,同时也可以客观、公正、科学地评价节能降耗工作进展,全面、真实地反映江西省、各地市以及重点耗能企业的节能降耗进展情况和取得的成效,还可形成比较完善的行业节能减排数据库,为制定科学的行业节能减排规划和出台有针对性的节能减排政策、法规、标准等提供比较的数据支撑。

2.2.4 全面提升企业核心竞争力,调动交通运输企业节能减排积极性的迫切需要

随着我国经济的快速发展,交通运输企业竞争日趋激烈,但归根结底是企业经营成本、管理服务水平、可持续发展能力等核心实力的综合竞争。江西省已经意识到能源成本已成为企业经营成本和核心竞争力的重要影响因素,目前正从多角度制定政策以提高企业的综合竞争力,紧紧抓住企业这个关键环节,遵循市场经济规律的基本特征,综合使用多种手段,将节能减排与企业盈利和发展的目标相结合,促使企业自觉和主动地全面参与节能减排。当前,能源成本占交通运输企业生产总成本的30%~40%。特别是在当前应对全球金融危机、能源紧缺和油价上涨等大背景下,能源成本已成为企业经营成本和核心竞争力的重要影响因素。建设交通运输能耗统计、监测与考核体系是企业了解行业节能减排政策导向的平台,也是企业进行节能减排横向比较及制定发展策略的窗口。通过行业的监测考核体系,企业可根据节能减排市场标杆的引领作用,及时调整企业发展策略,根据市场需求与节能减排要求,更好地在车辆、线路、业态等方面做出合理的有利于提高效益的策略选择,从而为全行业节能减排工作取得更好的成效做出应有的贡献。近年来,江西省交通运输企业对节能减排工作日益重视,积极主动地采取有效措施,推进节能减排工作取得新的进展。江西省交通运输企

业依据相关行业标准,优化运力结构,发展先进运输组织方式,建立能源管理制度,提高了能源利用效率,取得了较好的节能减排效果。因此,企业是交通运输节能减排的主体,也是交通运输能耗统计、监测与考核体系的重要组成部分。要想营造和谐、高效、绿色、低碳的交通运输环境,提高企业核心竞争力和交通运输现代化水平,拓展交通运输可持续发展空间,迫切需要开展重点交通运输企业能耗统计、监测与考核工作,也是推动交通运输节能减排工作的重要手段和有效措施,将积极引导企业承担节能减排的社会责任,把节能减排的目标落到实处,有效推进交通运输行业节能减排工作。

3 江西省交通运输能耗考核体系的总体框架设计

3.1 总体思路

江西省交通运输能耗统计、监测与考核体系建设的指导思想是：深入贯彻党的十八大精神，以科学发展观为指导，全面落实国家、交通运输部、江西省政府对江西省交通运输厅开展能耗统计、监测和考核的要求，以增强政府交通运输节能减排基础管理能力为核心，以道路运输、水路运输、港口生产、城市客运等领域为重点，以实现全行业节能减排刚性目标为导向，以信息化和智能化手段为重要抓手，通过统计调查体系建设加大数据统计覆盖面，监测体系建设进一步提高数据准确性，考核体系的建立明确全省交通运输行业节能减排目标责任、评价考核和奖惩制度，为江西省绿色低碳交通运输体系建设提供基础保障，保障交通运输行业"十二五"节能减排目标的顺利实现。

统计、监测与考核是有机联系、相互支撑的整体。交通运输能耗统计重点是贯彻落实国家统计局、交通运输部的报表制度，协助省服务业调查中心完成交通运输相关统计调查工作。交通运输能耗监测是为了更好地满足交通运输行业管理的需要，为统计做一佐证，便于动态掌握行业能耗状态和水平，支撑国家发展改革委和交通运输部开展能耗监测工作，为整个行业交通运输经济运行分析提供决策支持，为节能减排评价考核工作提供更加准确的依据。交通运输节能减排考核是实现交通运输行业节能减排目标管理的重要手段，旨在确保行业节能减排目标的实现，支撑全省节能减排目标的分解考核，督促节能减排工作的有序推进，提升行业节能减排管理水平。

3.2 基本原则

交通运输能耗统计、监测与考核体系是摸清交通运输能源消耗和二氧化碳排放状况，预测未来交通运输能耗与碳排放趋势必不可少的工具和手段，通过监测与考核体系的建立可以及时发现交通运输系统发展中存在的矛盾和问题,动态监控并及时调整交通运输系统的发展方向。对于交通运输能耗统计、监测与考核体系的研究,不仅要考虑体系能够满足交通运输节能减排工作开展的需要,同时也要考虑体系的可操作性与交通运输发展实际的符合性。

(1)坚持统筹规划、远近结合。要将交通运输能耗统计、监测与考核体系建设纳入交通运输发展规划和交通运输节能减排发展规划,把交通运输能耗统计、监测与考核体系建设作为交通运输节能减排的一项重要任务和交通运输的一项重点工作加以推进。要做好交通运输能耗统计、监测与考核体系建设的顶层设计工作,明确路线图和时间表,妥善处理好能耗统计、监测与考核体系建设之间的关系以及能耗统计、监测与考核体系建设与节能减排其他工作之间的关系。既要立足当前,根据交通运输绿色低碳发展的现实需要,安排交通运输能耗统计、监测与考核体系建设的近期工作,又要着眼长远,积极谋划交通运输能耗统计、监测与考核体系建设的远期工作,做好前瞻性部署。

(2)坚持精心组织、合力推动。积极争取各级政府支持,加强各级交通运输部门对能耗统计、监测与考核体系建设工作的组织领导。科学制定交通运输能耗统计、监测与考核体系建设工作方案,合理分解任务,细化步骤,明确措施,加强检查和督促,扎实推进交通运输能耗统计、监测与考核体系建设,务求实效。主动加强与发展和改革、财政、统计等相关政府部门的协调,充分发挥企业主体作用和行业协会作用,引导社会公众广泛参与,形成政府、企业和公众共同参与的协同推进机制。

(3)坚持创新驱动、制度保障。加强交通运输能耗统计、监测与考核方面的技术研发和推广应用,尤其要加强相关信息技术的研究和推广应用,充分发挥科技创新对交通运输能耗统计、监测与考核体系建设的引领和保障作用。加强制度创新,积极推进交通运输能耗统计、监测与考核方面的规章制度和标准体系建设,着力改善制度环境,强化监督检查,加大奖惩力度,建立健全交通运输能耗统计、监测与考核体系建设的目标责任与制度约束。

(4)坚持科学合理、符合实际。体系要建立在对系统充分认识、充分研究的基础上,要体现前瞻性,反映行业节能减排工作开展的先进水平,要能比较客观真实地反映交通运输能源消耗状况,并能较好地测度行业节能减排水平。设置的指标应当能够易于测量与计算,定量指标有明确的数据来源和计算方法,定性指标易于给出明确的评价,充分考虑各项指标的数据来源及数据获取的可行性,尽量选取含义明确、计算方法简单的指标,要从全省整个交通运输行业能耗统计、监测和考核工作的客观实际出发,保证考核指标科学合理,具有指导性。

(5)坚持简洁明晰、可比较、可拓展。体系建设过程中选择的指标宜少而精,应尽可能简单明了,并具有代表性,能够全面、准确地反映整体目标,不可偏废,重要指标不可遗漏。指标的设置要围绕评价目的有针对性地加以选择,在满足全面性和独立性的前提下,指标体系应尽可能简洁明晰,避免给分析比较造成困难和混乱。体系的建立应该考虑长期适用,尽量排除特殊性指标,采用准确通用的名称、概念和计算方法,使体系能够在不同情况下能够重复使用、可以动态调整。

(6)坚持分类指导、突出重点。以道路运输、水路运输、港口生产和城市客运为重点领域,把握主攻方向,组织实施在线监测试点工程,抓好重点企业建立三大体系,突破重点,带动全局;针对各种运输方式、不同领域和运输生产环节的特点,统筹兼顾,分类指导,区别对待;注重典型示范引路,以点带面,推动交通运输能耗统计、监测与考核工作向纵深发展。

3.3 建设目标

3.3.1 近期目标

到2015年,交通运输能耗统计监测报表制度和考核制度基本建立,交通运输能耗统计、监测与考核工作有序开展,能耗在线监测机制及数据库平台建设取得初步成效,机构、人员、设备、经费等保障机制初步建立,行业能源消耗统计监测考核体系初步建立,交通运输节能减排和绿色低碳发展基础管理能力明显增强,为资源节约型、环境友好型交通运输行业建设提供支撑和保障(图3-1)。

3.3.2 中远期目标

到2020年,交通运输能耗统计监测报表制度和考核制度基本健全,能耗在线监测机制及数据库平台建设取得显著成效,机构、人员、设备、经费等保障机制基本完善,行业能源消耗、统计、监测与考核体系基本建成,交通运输节能减排和绿色低碳发展基础管理能力显著增强,为资源节约型、环境友好型交通运输行业建设提供有力支撑和保障。

江西省交通运输能耗考核体系的总体框架设计

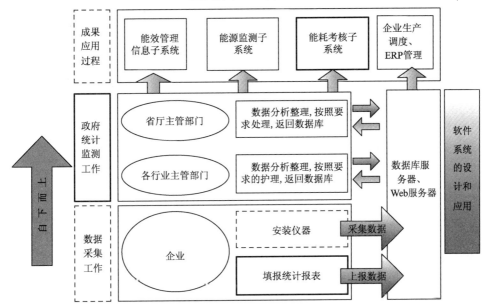

图 3-1 江西省交通运输能耗统计、监测与考核总体设计图

注:加粗框线内容为本研究成果需要开展的研究内容,虚线框线内容为企业和软件开发和第三方服务公司需要完成的工作内容。

4 江西省交通运输能耗统计体系研究

4.1 体系框架

江西省能耗统计体系(图4-1)是指基于国家统计局和交通运输部发布的交通运输能耗统计报表制度,以全面调查、抽样调查、重点调查等各种调查方法相结合,包括统计指标、统计主体、组织机构、人员配备、统计方法、制度设计等要素构成的复杂性系统。

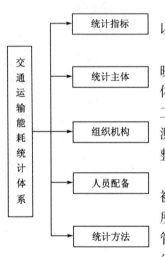

图4-1 能耗统计体系架构

具体而言,江西省交通运输能耗统计体系包含以下几个方面的内容:

(1)统计指标:是指由一组能够全面、准确地反映整体目标,具有可操作性的指标组成的统计指标体系。统计指标是支撑交通运输系统在节能减排工作开展状况必不可少的工具和手段,可以用来监测低碳交通运输系统发展中存在的矛盾和问题,调整低碳交通运输的发展方向。

(2)统计主体:统计主体是江西省交通运输厅。被统计企业根据统计报表要求,将统计结果上报给所在地区的交通运输主管部门,各地市交通运输主管部门将所辖企业的统计报表统一收集,并报送至省交通运输主管部门,在统一提交省交通运输厅。

(3)组织机构设置:是指江西省和各地市各级交通运输主管部门根据国家和部门统计任务的需要而专门设置的统计职能机构,或在有关机构设置的统计人员。主体设置大体可以分为两类:一类是专业性业务主管部门,是政府分别管理和指导专门产业的行政职能部门;另一类是综合性业务主管部门,是政府分管某方面事务的行政职能部门。

(4)人员配备:为了更好完成统计工作,省交通运输厅、各地市交通运输主管部门、企业应配备专门的统计工作人员,负责统计数据的收集、整理、分析和上报工作。

（5）统计方法：配合统计报表一起使用的统计操作办法。

（6）制度设计：包含报表制度和管理制度。统计报表制度是以国家统计局和交通运输部发布的交通运输统计报表制度和交通运输能耗统计报表制度为基础，设计的交通运输各领域能耗统计调查报表制度；管理制度是包括统计组织机构管理、人员管理、资金管理、设备管理、工作流程管理、奖惩机制等一系列制度。

4.2 基本思路与工作要求

4.2.1 基本思路

参照国家统计局和交通运输部发布的交通运输能耗统计报表制度，根据各级能源消费总量的核算方法，从消费统计数据调查来建立健全江西省交通运输能源统计调查制度。以普查为基础，根据江西省交通运输行业的能耗特点，建立健全以全面调查、抽样调查、重点调查等各种调查方法相结合的能源统计调查体系。江西省交通运输能耗统计制度报送流程图如图4-2所示。

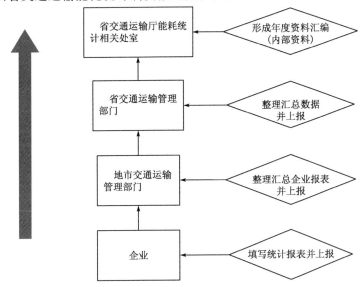

图4-2　江西省交通运输能耗统计制度报送流程

4.2.2 建设目标

4.2.2.1 近期目标

在公路水路交通运输行业建立对全行业及各地市能耗情况统计调查体系,包括统计指标、统计对象、统计范围及内容、统计方式、统计频率、组织实施等内容在内的实施方案。能够实现对行业能耗主要指标的数据进行统计收集的工作机制、组织形式等。

4.2.2.2 中远期目标

至2020年,基本建成比较完善的行业能耗统计专业化工作体系,包括管理体制、经费来源、人员配备、设备设施和工作机制等。在交通运输部、国家统计局等现有交通运输能耗统计体系的基础上,建立适合江西省交通运输行业的能耗统计调查体系,进一步为交通运输能耗监测做好准备。

4.3 公路运输能耗统计体系研究

4.3.1 公路客运能耗统计体系

4.3.1.1 统计目的

通过开展全省公路旅客运输企业能源消费统计调查,了解和掌握公路旅客运输能源消费情况,为建立江西省公路交通运输能源消费统计体系提供依据。

4.3.1.2 统计范围和统计对象

统计范围为全省营业性公路运输载客汽车。不包括下列三类车辆:
在城市内公路上进行旅客运输的公共汽(电)车、出租汽车;
接送本单位职工上下班的班车、小客车;
单位自己使用的其他运输工具。
统计对象为江西省主要的营业性公路旅客运输企业。

4.3.1.3 统计内容及统计调查报告期

统计内容主要包括营业性客运车辆拥有量、生产和燃油消费情况,如标志客位(或标志吨位)、客运量、旅客周转量、百千米耗油、行驶里程等指标。统计调查报告期为每年度一次。

4.3.1.4 组织与实施

(1)江西省公路运输交通运输量与能源消费统计,由省交通运输厅统一组织管理,省道路运输管理局和各地市道路运输管理部门负责具体实施。

(2)依托国家统计局与交通运输部开展交通运输相关统计工作,国家统计局与交通运输部开展统计工作中已有的指标和数据可直接采用。

(3)各企业根据本统计实施方案统计报表的要求,将统计报表(表4-1~表4-3)上报给所在区域的道路运输管理部门,各地市交通运输主管部门将所辖企业统计的报表统一收集,并报送至省交通运输厅,报表采取年报形式,每年2月份之前上报到省交通运输厅相关处室,周期为一年。

公路客运企业基本情况 表4-1

1.1	企业名称			
1.2	企业注册地行政区划编码		1.3	经营许可证编号
1.4	经营类别	1. 班车客运 2. 包车客运 3. 出租客运		

客运车辆拥有情况 表4-2

指标	序号	总计	按标志客位分			按燃料类型分					
			大型	中型	小型	汽油	柴油	天然气	双燃料	电力	其他
甲	乙	1	2	3	4	5	6	7	8	9	10
2.1 车辆数(辆)	1										
2.2 载客量(客位)	2										

公路客运生产情况 表4-3

指标	序号	按标志客位分			按燃料类型分					
		大型	中型	小型	汽油	柴油	LPG	LNG/CNG	电力	其他
甲	乙	2	3	4						
3.1 客运量(人)	1									
3.2 旅客周转量(人·千米)	2									

指标	序号	汽油(升)	柴油(升)	LPG(立方米)	LNG/CNG(立方米)	电力(千瓦·时)	其他
3.3 燃料消耗	3						

4.3.2 公路货运能耗统计体系

4.3.2.1 统计目的

通过开展全省公路交通运输行业能源消费统计调查,了解和掌握公路货物运输能源消费情况,为建立江西省公路交通运输能源消费统计体系、监测体系和考核体系提供依据。

4.3.2.2 统计范围和统计对象

统计范围为全省营业性公路运输载货汽车。不包括下列三类车辆:
(1)单位自用载货车辆及其他车辆。
(2)在港口、车站、市内为装卸而进行搬运的各种运输工具。
(3)从事营业性运输的拖拉机和农用运输车。
统计对象为江西省主要的营业性公路运输企业。

4.3.2.3 统计内容及统计调查报告周期

统计内容主要包括营业性货运车辆拥有量、生产和燃油消费情况,如标志吨位、货运量、货物周转量、百千米耗油(汽油、柴油、天然气)、行驶里程等指标。

统计调查报告期为每年度一次。

4.3.2.4 组织与实施

(1)江西省公路货物运输企业能源消费统计,由省交通运输厅统一组织管理,各地市公路运输管理部门负责具体实施。

(2)依托国家统计局与交通运输部开展交通运输相关统计工作,国家统计局与交通运输部开展统计工作中已有的指标和数据可直接采用。

(3)各企业根据本统计实施方案统计报表的要求,将统计报表上报给所在区域的公路货物运输交通管理部门,各地市交通运输管理部门将所辖企业统计的报表统一收集,并报送至省交通运输管理部门,报表(表4-4~表4-6)采取年报形式,周期为一年。

公路货运企业基本情况　　　　　表4-4

1.1 企业名称			
1.2 企业注册地行政区划编码		1.3 经营许可证编号	

货运车辆拥有情况　　　　　　　　　表 4-5

指　标	序号	按标志吨位分				按燃料类型分				
		大型	重型	中型	小型	汽油	柴油	天然气	电力	其他
甲	乙	2	3	4	5	6	7	8	9	10
2.1 车辆数(辆)	1									
2.2 载重量(吨)	2									
2.3 货运量(吨)	3									
2.4 货物周转量(吨·千米)	4									

公路货物运输生产情况　　　　　　　表 4-6

指　标	序号	汽油(升)	柴油(升)	天然气（立方米）	电力	其他
甲	乙	2	3	4	5	6
3.1 燃料消耗	1					
3.2 完好车日(车·日)			3.3 工作车日(车·日)			
3.4 总行程(车·千米)			3.5 实载率(里程利用率、载重利用率)			

4.4　公路建设与运营能耗统计体系研究

按照当前国家统计口径和工作开展方式,公路建设与运营能耗不包含在统计局统计口径中,公路建设与运营的能耗统计被放在建设行业中进行,因此,关于这一块的能耗统计工作,国家没有要求,为了不重复统计,不建议省主管部门开展具体统计工作,但这一领域属于交通运输行业业务管理范围,省主管部门需要做好能耗监测工作。

4.5　水路运输能耗统计体系研究

4.5.1　统计目的

通过开展全省水路运输企业的能源消费统计调查,了解和掌握水路运输能源消费情况,为建立江西省交通运输行业能源消费统计体系、监测体系和考核体系提供依据。

4.5.2 统计对象与内容

统计对象为江西省主要水路运输企业。统计内容主要包括企业从事生产和生活的能源消费情况。统计调查报告期为每年度一次。

4.5.3 组织与实施

(1)江西省水路运输企业能源消费统计,由省交通运输厅统一组织管理,省港航管理局和各地市水路运输管理部门负责具体实施。

(2)依托国家统计局与交通运输部开展交通运输相关统计工作,国家统计局与交通运输部开展统计工作中已有的指标和数据可直接采用。

(3)各企业根据本统计实施方案统计报表要求,将统计结果上报给所在地区的水路运输交通管理部门,各地市交通运输管理部门将所辖企业的统计报表统一收集,并报送至省港航管理局,报表(表4-7~表4-12)采取年报形式,周期为一年。

水路客运企业基本情况　　　　　　　　　　　　　表4-7

1.1 企业名称			
1.2 企业注册地行政区划编码		1.3 经营许可证编号	
1.4 经营类别	1.远洋客运　2.沿海客运　3.内河客运		

客运船舶拥有情况　　　　　　　　　　　　　　　表4-8

指　　标	序号	2.1 艘数(艘)	2.2 载客量(客位)
甲	乙	1	2
2.1 总计	1		
2.2 中国旗船舶	2		
2.3 方便旗船舶	3		

客运船舶生产情况   表4-9

指标	序号	按船舶登记国别分		按燃料类型分			
		中国旗	方便旗	柴油	燃料油	煤油	其他
甲	乙	2	3	4	5	6	7
3.1 客运量(人)							
3.2 旅客周转量(人·千米)	1						

指标	序号	柴油(千克)	燃料油(千克)	煤油(千克)	其他
3.3 燃料消耗	4				

水路货运企业基本情况   表4-10

1.1 企业名称	
1.2 企业注册地行政区划编码	1.3 经营许可证编号
1.4 经营类别	1. 远洋货运 2. 沿海货运 3. 内河货运

货运船舶拥有情况   表4-11

指标	序号	艘数(艘)	总载重量(吨)	箱位量(TEU)
甲	乙	1	2	3
2.1 中国旗船舶	1			
2.2 方便旗船舶	2			

货运船舶生产情况   表4-12

指标	序号	按船舶登记国别分		按燃料类型分			
		中国旗	方便旗	柴油(千克)	燃料油(千克)	煤油(千克)	其他
甲	乙	2	3	4	5	6	7
3.1 货运量(吨)	1						
3.2 箱运量(TEU)	2						
3.3 货物周转量(吨·千米)	3						

指标	序号	柴油(千克)	燃料油(千克)	煤油(千克)	其他
3.4 燃料消耗	4				
3.5 载重量利用率(%)					

4.6 港口生产能耗统计体系研究

4.6.1 统计目的

通过开展全省港口企业能源消费统计调查,了解和掌握港口能源消费情况,为建立江西省港口行业能源消费统计体系、监测体系和考核体系提供依据。

4.6.2 统计对象与内容

统计对象为全省内所有港口。统计内容主要包括全省内所有港口从事生产和生活的用油、用电、用煤等能源消费情况。统计调查报告期为每年度一次。

4.6.3 组织与实施

(1)江西省港口能源消费统计,由省交通运输厅统一组织管理,省港航管理局和各地市港口管理部门负责具体实施。

(2)依托国家统计局与交通运输部开展交通运输相关统计工作,国家统计局与交通运输部开展统计工作中已有的指标和数据可直接采用。

(3)各港口根据本统计实施方案统计报表的要求,将统计报表上报给所在地区的港口管理部门,各地市港口管理部门将所辖企业的统计报表统一收集,并报送至省港航管理局,报表(表4-13)采取年报形式,周期为一年。

港口能源消费统计表　　　　　　　表4-13

1. 港口基本情况			
港口名称		港口代码	
2. 港口主要能源指标			
指标名称	计量单位	代码	本期数
本港吞吐量	万吨	01	
柴油消费量	吨	02	
汽油消费量	吨	03	
燃料油消费量	吨	04	
电力消费量	万千瓦·时	05	
煤炭消费量	万吨	06	

注:指标02~06是指该港口消费的包括装卸生产、辅助生产和企业生产、生活管理等全部的实际能源消费量。

4.7 城市公共交通能耗统计体系研究

4.7.1 统计目的

通过开展全市城市公交与出租客运企业能源消费统计调查，了解和掌握城市公交能源消费情况，为建立江西省交通运输行业能源消费监测体系和考核体系提供依据。

4.7.2 统计对象与内容

统计对象为全省内所有城市公交与出租客运企业。统计内容主要包括全省内所有从事城市客运的用油、用电、用气等能源消费情况。统计调查报告期为每年度一次。

4.7.3 组织与实施

（1）江西省城市客运能源消费统计调查，由省交通运输厅统一组织管理，省城市客运主管部门和各地市城市客运管理部门负责具体实施。

（2）依托国家统计局与交通运输部开展交通运输相关统计工作，国家统计局与交通运输部开展统计工作中已有的指标和数据可直接采用。

（3）各城市公交与出租客运企业根据本统计实施方案统计报表的要求，将统计报表（表4-14～表4-18）上报给所在地区的管理部门，各地市城市交通管理部门将所辖企业的统计报表统一收集，并报送至省交通运输厅，报表采取年报形式，周期为一年。

城市公交企业基本情况　　　　　　　　　　表4-14

1.1　企业名称			
1.2　企业注册地行政区划编码		1.3　经营许可证编号	

公交车辆拥有情况　　　　　　　　　　表4-15

指标	序号	按标志客位分			按燃料类型分					
		大型	中型	小型	汽油	柴油	天然气	双燃料	电力	其他
甲	乙	1	2	3	4	5	6	7	8	9
2.1　车辆数（辆）	1									
2.2　载客量（客位）	2									

公交运输生产情况　　　　　　　　表 4-16

指标	序号	汽油（升）	柴油（升）	LPG（立方米）	LNG/CNG（立方米）	电力（千瓦·时）	其他
甲	乙	1	2	3	4	6	7
3.1 客运量(人)	1						
3.2 客运周转量(人·千米)	2						
3.3 燃料消耗	3						

出租汽车拥有情况　　　　　　　　表 4-17

指标	序号	按燃料类型分					
		汽油（升）	柴油（升）	LPG（立方米）	LNG/CNG（立方米）	电力（千瓦·时）	其他
甲	乙	1	2	3	4	5	6
4.1 车辆数(辆)	1						
4.2 载客量(客位)	2						

出租汽车运输生产情况　　　　　　　　表 4-18

指标	序号	汽油（升）	柴油（升）	LPG（立方米）	LNG/CNG（立方米）	电力（千瓦·时）	其他
甲	乙	1	2	3	4	5	6
5.1 客运量(人)	1						
5.2 旅客周转量(人·千米)	2						
5.3 燃料消耗	3						

4.8 指标解释

4.8.1 公路运输相关指标

(1)企业注册地行政区划编码:指企业所在地的县级以上行政区划的6位代码。填写要求与"客运站所在地行政区划编码"一致。

(2)企业名称、经营许可证编号:分别按道路运政管理机构核发的《道路运输经营许可证》中的客运企业名称、许可证编号填写。

（3）车辆拥有情况：指报告期内重点联系企业拥有的主要从事某一经营类别业务的车辆数、载客量。

（4）客运量：指报告期内重点联系企业拥有的主要从事某一经营类别业务的车辆实际运送的旅客人数。对于旅游（或包车）客运，如果搭乘车辆的是同一批乘客，按照协议途经多个目的地，无论是否跨天，一名乘客只计算为一个客运量。

（5）货运量：指报告期内重点联系企业拥有的主要从事某一经营类别业务的车辆实际运送的货物吨数。

（6）旅客周转量：指报告期内重点联系企业拥有的主要从事某一经营类别业务的车辆，运送的每位旅客与其相应运送距离的乘积之和。

（7）货物周转量：指报告期内重点联系企业拥有的主要从事某一经营类别业务的车辆，运送的每吨货物与其相应运送距离的乘积之和。

（8）燃料消耗：指报告期内重点联系企业拥有的主要从事某一经营类别业务的车辆消耗的燃油数量，按燃料类别分为汽油消耗量、柴油消耗量、LPG消耗量、LNG/CNG消耗量、电力消耗量等。计算单位为"吨标准煤"。

4.8.2　水路运输相关指标

（1）水路运输调查报表填报范围：取得《国际船舶运输经营许可证》从事远洋运输，以及取得《水路运输许可证》，从事沿海、内河运输的重点联系企业。

（2）企业注册地行政区划编码：指企业注册地的县级以上行政区划的6位代码。填写要求与"客运站所在地行政区划编码"一致。

（3）企业名称、经营许可证编号、经营类别：分别按经营许可证中的公司名称、证书编号和经营范围填写。

（4）船舶拥有情况：指报告期末重点联系企业主要从事某一经营类别业务的船舶拥有情况。包括企业自有船舶以及长期租入、拥有调度权的船舶。

（5）客运量：指报告期内重点联系企业主要从事某一经营类别业务的客运船舶实际运送的旅客人数。

（6）货运量：指报告期内重点联系企业主要从事某一经营类别业务的货运船舶实际运送的货物吨数。

（7）旅客周转量：指报告期内重点联系企业主要从事某一经营类别业务的客运船舶实际运送的每位旅客与其相应运送距离的乘积之和。

计算公式：

旅客周转量(人·千米) = $\sum$(运送的每位旅客 × 该旅客运送距离)

(8)货物周转量:指报告期内重点联系企业主要从事某一经营类别业务的货运船舶实际运送的每吨货运与其相应运送距离的乘积之和。

计算公式:

货物周转量(吨·千米) = $\sum$(运送的每吨货物 × 此货物运送距离)

(9)港口货物吞吐量:指报告期内重点联系企业主要从事某一生产经营类别业务的港口实际吞吐的货物吨数。

(10)燃料消耗:指报告期内重点联系企业主要从事某一经营类别业务的船舶运输或者港口生产过程消耗的燃料数量。按燃料类别分为煤炭消耗量、汽油消耗量、柴油消耗量、燃料油(含渣油)消耗量、煤油消耗量、天然气消耗量、电力消耗量等。

5 江西省交通运输能耗监测体系研究

在构建江西省交通运输能耗统计体系的基础上,通过对各项能耗指标的数据质量实施全面监测,评估江西省各地级市、各重点交通运输企业能耗数据质量,客观、公正、科学地评价江西省、各地级市交通运输行业以及重点交通运输能耗企业节能工作的进展情况和取得的成效,全面、真实地反映全省、各地级市以及重点交通运输能耗企业的节能发展水平。在加强交通运输能耗各项指标统计的同时,对交通运输能耗指标的数据质量进行监测,确保交通运输各项能耗指标的真实、准确。此外,充分结合国家发展和改革委"万家企业"节能低碳行动和交通运输部"车、船、路、港"千家企业低碳交通运输专项行动,在已有"万家企业"、"千家企业"的基础上,进一步扩大参与交通运输能耗监测的企业范围,探索在全省更大范围的重点交通运输能耗企业实施能源利用状况报告制度,要求重点交通运输能耗企业定期编制并向省交通运输厅报送能源利用状况报告。

5.1 体系框架

江西省交通运输能耗监测体系(图5-1)是指为全面、真实地反映江西省交通运输能源利用状况而建立的由能耗监测指标、主体、对象、方法、工具、制度等要素构成的系统,是国家关于能耗监测的要求在江西省交通运输行业的具体落实,也是全社会能耗监测体系的重要组成部分。

具体而言,江西省交通运输能耗监测体系包含以下几个方面的内容:

(1)能耗监测的目的是全面、真实地反映全省交通运输能源利用状况。在建立健全能耗统计体系的基础上,通过对各项能耗指标的数据质量实施全面监测,评估各地区、各重点企业能耗

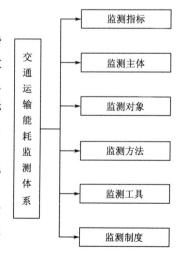

图5-1 交通运输能耗监测体系架构

数据质量,客观、公正、科学地评价节能降耗工作进展,全面、真实地反映全省、各地区以及重点耗能企业的节能降耗进展情况和取得的成效。在加强能耗各项指标统计的同时,对能耗指标的数据质量进行监测,确保各项能耗指标的真实、准确。

(2)能耗监测的主体是江西省交通运输厅。被监测企业按要求定期向省交通运输厅报送数据,省交通运输厅负责接收、处理能耗数据和监督管理被监测企业的数据报送工作。就具体职能部门而言,近期主要由省交通运输厅现行负责统计的部门负责,依托相应辅助机构进行监测工作的组织实施工作,远期则成立专门的能耗监测组织体系,从人力、物力、资金等方面形成比较完善的组织架构、人员安排及专项资金安排,形成专业的监测队伍。

(3)能耗监测的对象是江西省重点交通运输企业。结合国家发展改革委"万家企业节能低碳行动"、交通运输部"车、船、路、港"千家企业低碳交通运输专项行动,在已有"万家企业"、"千家企业"的基础上,扩大参与能耗监测的交通运输企业范围。近期,在全省交通运输行业挑选100家重点企业作为监测对象,重点企业应覆盖高速公路建设和运营、普通公路建设和运营、公路运输、水路运输、港口和城市客运各个领域,并且在省辖各地级市合理分布。远期,在全省交通运输行业挑选500家重点企业作为监测对象。

(4)能耗监测的方法是两个结合,即传统监测与在线监测相结合、定量监测与定性监测相结合。一是传统监测与在线监测相结合。传统监测是指被监测企业按要求定期填写监测报表并上报至省交通运输厅。在线监测是指在企业及其装备安装能耗监测仪器自动读取实时能耗数据并传输到省交通运输厅。二是定量监测与定性监测相结合。一方面采用定量调查和分析的手段,获取交通运输能源消耗总量、单耗、运输效率等数据;另一方面,采取定性分析的手段,从政府层面跟踪评价宏观政策取得的成效,从企业层面了解企业技术创新、管理创新等对节能减排的效果。

(5)能耗监测的工具是能耗监测指标、设备和信息系统。能耗监测指标包括公路客运、公路货运、公路建设、公路运营、内河水路货运、内河港口、城市客运等行业能源消耗总量、单耗、运输效率等定量指标以及能源管理、节能技术等定性指标。能耗监测设备包括传统监测中的能源计量设备和在线监测中的能耗读取、传输和处理设备。能耗监测信息系统是指对能耗数据进行汇总、分析、处理的软件系统。

(6)能耗监测的制度由报表制度和管理制度构成。能耗监测报表制度是以交通运输各领域能耗调查表(诸如班线客运企业月度运行情况调查表班线、普通载货汽车月度运行情况调查表等)为基础建立起来的能耗数据填写和报送制度。能耗监测管理制度包括能耗监测组织机构管理、人员管理、资金管理、设备管理、工作流程管理、奖惩机制等一系列制度。

5.2 总体要求

5.2.1 基本思路

在国家统计局负责组织实施能源消耗总量统计的工作模式下,江西省交通运输厅建立"省级交通运输行业能源消耗监测体系",定期反映公路运输、公路建设与运营、水路运输、港口生产、城市客运能源消耗的动态变化情况,并且随着监测网络的逐步完善,通过进一步改善调查方法、分析方法等,扩大监测对象范围、提高测算准确度,获取交通运输行业部分能耗相关数据,作为内部掌握使用。

一是传统监测与在线监测相结合。参考国家发展改革委"万家企业节能低碳行动"、交通运输部"车、船、路、港"千家企业低碳交通运输专项行动以及交通运输部《交通运输能耗统计监测报表制度》确定的江西省重点交通运输企业名录,拟定参加能耗监测体系建设的江西省重点交通运输企业名录。通过名录内重点企业直接上报数据至省交通运输主管部门,上报周期按照月度或者季度提交报表数据。根据江西省重点企业上报月度或者季度反映单耗和效率水平的数据,对年度能耗统计数据中的相应数据进行对比,同时编写《数据监测分析报告》。选择企业及其装备安装能耗监测仪器进行在线监控,建设数据接收平台对实时数据进行整理收集,并且使用此数据与统计数据进行对比,同时编写《仪器监测分析报告》。

二是定量与定性相结合。在具体监测思路的构建中,为动态反映交通运输行业能耗总体水平,满足交通运输节能减排管理的需要,需采用定量调查和分析的手段,获取公路客运、公路货运(普通货运、专业货运)、公路建设、公路运营、内河水路货运、内河港口、城市客运等行业能源消耗总量、单耗、运输效率等指标;为掌握交通运输行业节能减排的最新进展,满足行业主管部门出台相关节能减排政策措施的需要,需采取定性分析的手段,从政府层面跟踪评价宏观政策取得的成效,从企业层面了解企业技术创新、管理创新等对交通运输节能减排的效果。

三是远近结合,循序渐进。考虑到现阶段人力、物力和调查手段的制约,对能耗监测需要的各项指标,在设计监测范围、监测手段时,要采取远近结合、循序渐进的方式,对一些近期实现难度较小、数据质量有保障、能从运输生产经营和运输行业管理的第一手资料中获取,或能利用现代信息技术手段实现实时抽取的,在近期监测中予以实现,对一些目前尚不具备条件的,或者实施难度较大的,放在远期监测中予以实现。

5.2.2 建设目标

5.2.2.1 近期目标

至 2015 年,江西省交通运输能耗监测报表制度基本建立,交通运输能耗监测工作有序开展,能耗在线监测机制及数据库平台建设取得初步成效,机构、人员、设备、经费等保障机制初步建立,江西省交通运输行业能源消耗监测体系初步建立。

5.2.2.2 中远期目标

至 2020 年,江西省交通运输能耗监测报表制度基本健全,能耗在线监测机制及数据库平台建设取得显著成效,机构、人员、设备、经费等保障机制基本完善,江西省交通运输行业能源消耗监测体系基本建成。

5.3 公路运输能耗监测体系研究

公路运输能耗监测包括定量监测和定性监测。其中,定量监测包括传统监测和仪器监测,以传统监测为主,并开展仪器监测试点。传统监测又包括对公路客运和公路货运的监测。

5.3.1 公路客运监测

针对江西省公路客运能耗监测的需求,基于公路客运的特点,江西省公路客运能耗监测主要通过调查典型公路班线客运企业的部分或全部营运车辆,获取全省典型公路班线客运企业典型营运车辆的能耗数据和相关数据。

5.3.1.1 能耗监测对象

拟对江西省典型公路班线客运企业的公车公营车辆实施能耗监测。当下,江西省的公路班线客运主要有两种经营管理模式:一是公车公营模式,即公路班线客运企业享有营运车辆的所有权和经营权,并负责承担驾驶员工资、车辆油耗、维修等成本。调研发现,采用公车公营模式的班线客运企业对营运车辆的管理总体上较为规范,例如,建立了油耗或气耗定额制度,开展了油耗或气耗定额考核,还保存了比较完整的行车路单及加油或加气等记录。二是承包经营模式,即公路班线客运企业完全或部分享有营运车辆的所有权,营运车辆的经营权由承包人享有,营运车辆的油耗或气耗等成本由承包人承担。在承包经营模式下,公路班线客运企业很难掌握承包车辆的能耗和运营情况。总体上看,全省公路班线客运企业中采取公车公营模式的车辆占有一定比例,且公车公营车辆有着较为完善的月度能耗数据。因此,在现阶段可以依托公路班线客运企业的公车公营车辆实施能耗监测。

具体而言,纳入能耗监测的公路班线客运企业范围以中华人民共和国交通运输部制定、中华人民共和国国家统计局批准的《交通运输综合统计报表制度》中的重点联系企业为基础,并在全省范围内筛选、补充部分典型的公路班线客运企业。筛选、补充的标准包括:该公路班线客运企业的班线类型较多,例如包括省际、市际、县际等多种类型的线路;车辆类型较多,例如包括特大、大、中、小各种车长;客运量和旅客周转量在本地区占有较大份额等。

5.3.1.2　能耗监测内容

拟对江西省典型班线客运企业的公车公营车辆的分燃料类型、分车长的单车月度能耗数据以及总行程、客运量、旅客周转量等数据实施监测。如果同一线路同一型号的营运车辆数不足5辆,则填报该型号所有营运车辆的能耗及能耗相关数据;如果同一线路同一型号的营运车辆数超过5辆,则填报5辆营运车辆的能耗及能耗相关数据即可。

5.3.1.3　能耗监测频度

监测频度拟采用月度监测方式。调研发现,江西省公路班线客运企业一般以月度作为日常统计工作的周期,考虑到在不增加班线客运企业工作负担的前提下,既充分保证能耗监测数据的时效性,又能反映班线客运企业月度能耗变化情况,建议以月度作为公路班线客运企业能耗监测周期。

5.3.1.4　能耗监测方法

纳入能耗监测范围的典型公路班线客运企业按月汇总本企业公车公营车辆的能耗及能耗相关数据,填写《班线客运企业月度运行情况调查表》,并将调查表直接上报省交通运输厅。

5.3.1.5 能耗监测指标

(1)车牌号:指营运车辆的车牌号码。

(2)厂牌型号:指营运车辆出厂时厂家编制的车辆型号,由企业名称代号、车辆类别代号、主参数代号、产品序号组成,如厦门金龙旅行车有限公司生产的客车厂牌型号为 XML6101J13。

(3)燃料类型:包括汽油、柴油、天然气等。

(4)出厂年份:指营运车辆的出厂年份,为 4 位有效数字,如 2013。

(5)核定载客位:指营运车辆的核定客位数。计算单位:客位。

(6)班次:指报告期内营运班线上实际开行的班次数。计算单位:班次。

(7)总行程:指报告期内车辆在实际工作中所行使的总里程数,不包括为进行保养、修理而进出维修厂及试车的里程。计算单位:千米。

(8)工作车日:指报告期内实际出车工作的车日。计算单位:车日。

(9)客运量:指报告期内运输车辆实际运送的旅客人数。计算单位:人。

(10)旅客周转量:指报告期内营运车辆实际运送的每位旅客与其相应运行距离的乘积之和。计算单位:人·千米。

计算公式:

旅客周转量(人·千米)=Σ(运送的每位旅客×该旅客运送距离)

(11)实际总油耗或气耗:指报告期内运输生产车辆实际消耗的燃油或天然气数量。计算单位:升(燃油)或立方米(CNG)或千克(LNG)。

(12)车辆增减情况:包括新增、报废、停驶三种情况。

5.3.2 公路货运监测

针对江西省公路货运能耗监测的需求,基于公路货运的特点,江西省公路货运能耗监测主要从以下两条路径展开:一是通过对全省公路普通货运企业实施抽样调查,获取各种型号普通货运车辆的能耗数据以及能耗相关数据;二是通过调查典型公路专业货运企业的公车公营车辆相关数据,获取公路专业货运车辆的能耗数据以及能耗相关数据。

5.3.2.1 对公路普通货运企业车辆实施监测

江西省的公路普通货物运输市场具有开放程度高、经营主体散的特点,公路普通货运企业一般不掌握营运车辆的具体能耗情况,很难依靠公路普通货运企业获取有效的公路普通货物运输能耗及能耗相关数据。但是,调研发现,省内一些规模较大的公路普通货运企业通过与货主长期合作或利用自身品牌优势揽取货源,为部分营运车辆提供配载服务,这为抽样调查公路普通货运车辆的能耗相关数据提供了必要条件。因此,可以通过对公路普通货运企业采取抽样调查的方式,即由公路普通货运经营人填写调查表获取典型企业普通货运运输能耗及能耗相关数据。

1)能耗监测对象

纳入能耗监测的公路普通货运企业范围以中华人民共和国交通运输部制定、中华人民共和国国家统计局批准的《交通运输综合统计报表制度》中确定的重点联系公路货运企业为基础,并在全省范围内筛选、补充部分典型公路普通货运企业。筛选、补充的标准包括:一是该公路普通货运企业能够为部分营运车辆提供较为稳定的货源;二是该公路普通货运企业拥有的普货运输车辆数量较多,且该企业的货运量和货物周转量在当地公路运输领域中占有较大份额。

2)能耗监测内容

参考中华人民共和国交通运输部制定、中华人民共和国国家统计局批准的《交通运输能耗统计监测报表制度》(2010年)中的普通载货汽车月度运行情况调查表对普通载货汽车进行调查的方法,拟监测公路普货车辆分燃料类型、分吨位的出厂年份、标志吨位、总行程、载运行程、货运量、货物周转量、月能耗和百千米能耗等。如果同一吨位层的车辆数不足5辆,则全部上报这5辆车的相关数据;如果同一吨位层的车辆数超过5辆,则仅上报其中5辆车的数据即可。

3)能耗监测频度

能耗监测频度拟采用月度方式。调研发现,江西省公路普通货运企业在日常统计工作中一般以月作为统计的周期,考虑到在不增加公路普通货运企业工作负担的前提下,既充分保证能耗监测数据的时效性,又能反映公路普通货运企业月度运输效率的变化情况,建议以月度作为公路普通货物运输企业能耗监测周期。

4)能耗监测方法

由典型公路普通货物运输企业选取部分管理较为规范的营运普通载货车辆,按月度开展能耗数据调查。对于2吨以下、2~4吨(含4吨)、4~8吨(含8吨)、8~20吨(含20吨)、20吨以上的车辆,各调查5辆,填写《普通载货汽车月度运行情况调查表》,并将调查表直接上报省交通运输厅。

5）能耗监测指标

（1）车牌号：指营运车辆的车牌号码。

（2）燃料类型：包括汽油、柴油、天然气等。

（3）出厂年份：指营运车辆的出厂年份，为四位有效数组，如2013。

（4）标志吨位：指营运载货汽车的标志吨位，计算单位：吨。

（5）月停驶天数：指报告期内被调查营运车辆未出车工作的车日，计算单位：天。

（6）总行程：指报告期内营运车辆在实际工作中所行使的总里程数，不包括为进行保养、修理而进出维修厂及试车的里程，计算单位：千米。

（7）载运行程：指报告期内被调查营运车辆载货的行驶里程。计算单位：千米。

（8）货运量：指报告期内营运车辆实际运送的货物重量。计算单位：吨。

（9）货物周转量：指报告期内营运车辆实际运送的每批货物重量与其相应运送距离的乘积之和。计算单位：吨·千米。

计算公式：

货物周转量(吨·千米) = Σ(每批货物重量 × 该批货物的运送距离)

（10）月能耗：指报告期内被调查营运车辆月度消耗的燃油或天然气数量。计算单位：升或立方米或千克。

5.3.2.2 对公路专业货运企业的公车公营车辆实施监测

总体而言，江西省公路专业货运行业管理较为规范，专业货运企业大多以公司化方式运作，对营运车辆实施统一调度、统一配货和统一管理，并采用信息化手段对营运车辆加装GPS监控系统实时监控营运车辆的动态信息。尤为关键的是，大多数公路专业货运企业针对自有营运车辆制定了单车单人的油耗定额考核制度，并对驾驶员实施节奖超罚制度。因此，可以对公路专业货运企业的公车公营车辆的能耗数据实施监测。

1）能耗监测对象

纳入能耗监测的公路专业货运企业范围以中华人民共和国交通运输部制定、中华人民共和国国家统计局批准的《交通运输综合统计报表制度》中确定的重点联系公路货运企业为基础，并在全省范围内筛选、补充部分典型公路专业货运企业。筛选、补充的标准包括：该公路专业货运企业的货运量和货物周转量在当地专业货物运输领域占有较大份额、自有营运车辆数量较多、能耗及运输量原始数据较为齐全等。

2）能耗监测内容

拟对公路专业货运车辆的车型、燃料类型、出厂年份、标志吨位、总行程、载运行程、货运量、货物周转量、月能耗和百千米能耗定额等实施监测。

3）能耗监测频度

能耗监测频度拟采用月度方式。调研发现，江西省公路专业货运企业在日常统计工作中一般以月度作为统计的周期，考虑到在不增加公路专业货运企业工作负担的前提下，既充分保证能耗监测数据的时效性，又能有效反映公路专业货运企业月度运输效率的变化情况，建议以月度作为公路专业货运企业能耗监测周期。

4）能耗监测方法

由公路专业货物运输企业汇总本企业运输生产、能耗等相关数据，填写《专业载货汽车月度运行情况调查表》，并将调查表直接上报省交通运输厅。

5）能耗监测指标

（1）车牌号：指被调查的营运车辆的车牌号码。

（2）车型：包括厢式车、集装箱车、大件运输车、保温冷藏车、商品车运输专用车辆、罐车、牵引车、挂车、平板车、其他专用车。

（3）燃料类型：包括汽油、柴油、天然气等。

（4）出厂年份：指营运车辆的出厂年份，为4位有效数字，如2013。

（5）标志吨位：指营运载货汽车的标志吨位，牵引车填写准牵引总质量。计算单位：吨。

（6）月停驶天数：指报告期内被调查营运车辆未出车工作的车日。计算单位：天。

（7）总行程：指报告期内营运车辆在实际工作中所行使的总里程数，不包括为进行保养、修理而进出维修厂及试车的里程。计算单位：千米。

（8）载运行程：指报告期内被调查营运车辆载货的行驶里程。计算单位：千米。

（9）货运量：指报告期内营运车辆实际运送的货物重量。计算单位：吨。

（10）货物周转量：指报告期内营运车辆实际运送的每批货物重量与其相应运送距离的乘积之和。计算单位：吨·千米。

计算公式：

货物周转量（吨·千米）＝Σ（每批货物重量×该批货物的运送距离）

（11）月能耗：指报告期内被调查车辆月度消耗的能源数量。计算单位：升或立方米或千克。

5.3.3 仪器监测试点

5.3.3.1 道路客运仪器监测

1）能耗监测对象

鉴于大范围开展仪器监测的条件还不成熟,因此先在前述100家采用传统监测的企业中挑选2家管理比较规范的道路班线客运企业进行仪器监测试点。

2）能耗监测方法

具体而言,在试点班线客运企业选择部分或全部营运客车安装油耗实时监测仪器,同时在试点企业建立能耗实时监测中心,并在省交通运输厅信息中心建立全省交通运输能耗实时监测中心。油耗实时监测仪器、试点企业能耗实时监测中心和省交通运输厅信息中心能耗实时监测中心实行联网,油耗实时监测仪器实时采集车辆的总油耗数据、总行程数据等,并传输到企业能耗实时监测中心和省交通运输厅信息中心能耗实时监测中心。

3）能耗监测指标

（1）车牌号:指营运车辆的车牌号码。

（2）厂牌型号:指营运车辆出厂时厂家编制的车辆型号,由企业名称代号、车辆类别代号、主参数代号、产品序号组成,如厦门金龙旅行车有限公司生产的客车厂牌型号为 XML6101J13。

（3）燃料类型:包括汽油、柴油、天然气等。

（4）出厂年份:指营运车辆的出厂年份,为4位有效数字,如2010。

（5）核定载客位:指营运车辆的核定客位数。计算单位:客位。

（6）总行程:指每个自然月内车辆在实际工作中所行使的总里程数。计算单位:千米。

（7）实际总能耗:指每个自然月内营运车辆实际消耗的燃油数量。计算单位:升或立方米或千克。

5.3.3.2 道路货运仪器监测

1）能耗监测对象

鉴于大范围开展仪器监测的条件还不成熟,因此先在前述100家采用传统监测的企业中挑选1家管理比较规范的公路货运企业进行仪器监测试点。

2）能耗监测方法

具体而言,在试点公路货运企业选择部分或全部营运货车安装油耗实时监测仪器,同时在试点企业建立能耗实时监测中心,并在省交通运输厅信息中心建立全省交通运输能耗实时监测中心。油耗实时监测仪器、试点企业能耗实时监测中心和省交通运输厅信息中心能耗实时监测中心实行联网,油耗实时监测仪器实时采集车辆的总油耗数据、总行程数据等,并传输到企业能耗实时监测中心和省交通运输厅信息中心能耗实时监测中心。

3) 能耗监测指标

(1) 车牌号:指营运车辆的车牌号码。

(2) 车型:参考中华人民共和国交通运输部制定、中华人民共和国国家统计局批准的《交通运输能耗统计监测报表制度》(2010年)中的专业载货汽车月度运行情况调查表对车型的划分,采用仪器监测的车型包括厢式车、集装箱车、大件运输车、保温冷藏车、商品车运输专用车辆、罐车、牵引车、挂车、平板车、其他专用车。

(3) 燃料类型:包括汽油、柴油、天然气等。

(4) 出厂年份:指营运车辆的出厂年份,为4位有效数字,如2013。

(5) 标志吨位:指营运载货汽车的标志吨位,牵引车填写准牵引总质量。计算单位:吨。

(6) 总行程:指每个自然月内营运车辆在实际工作中所行使的总里程数。计算单位:千米。

(7) 实际总能耗:指每个自然月内被监测营运车辆月度消耗的燃油数量。计算单位:升或立方米或千克。

5.3.4　企业定性监测

对江西省公路运输企业的定性监测旨在考察公路运输企业根据年度或中长期节能目标实施节能措施的情况,主要从能源管理、节能技术两个方面实施能耗监测。

5.3.4.1　能源管理监测

能源管理指标主要监测江西省公路运输企业是否建立了健全的能源管理机制,具体包括以下几个方面。

1) 能源管理机构建设情况

该指标主要监测江西省公路运输企业是否建立了能源管理机构,能源管理机构的设置和人员配备是否合理以及是否落实到位,能源管理机构的相关目标和职责是否明确,能源管理机构的工作经费是否有保障等。

2) 能源管理制度建立和实施情况

该指标主要监测江西省公路运输企业是否建立了规范的能耗统计制度和完

善的能耗考核制度，以及能耗统计和考核制度的具体执行情况。

3）员工节能培训

该指标主要监测江西省公路运输企业对员工节能理念、技术、方法的培训情况，例如培训内容是否合理，培训覆盖面是否广泛，培训频度是否适当等。

5.3.4.2 节能技术监测

节能技术指标主要监测江西省公路运输企业在节能技术研发和推广应用方面的情况，包括对节能新技术数量和节能技术实施效果两个方面实施监测。

1）节能新技术数量

该指标主要从数量上监测江西省公路运输企业开展节能新技术（包含新产品）创新并取得创新成果的情况。是否属于新技术以及新技术的级别具体由专家根据项目实施内容、项目运行情况和项目实施效果等予以认定。

2）节能技术实施效果

该指标主要监测江西省公路运输企业推广应用节能技术（包含本企业自主创新的节能新技术和从外部引进的节能技术）的实施效果，具体依据项目实施前后公路运输企业能耗降低情况予以评定。

5.4 公路建设与运营能耗监测体系研究

总体而言，公路建设与运营监测包括定性监测和定量监测，其中，定量监测包括对公路建设的监测和对公路运营的监测。

5.4.1 公路建设监测

5.4.1.1 能耗监测对象

对江西省重点公路建设企业承建的典型公路工程施工期间的能源消耗情况进行监测。

5.4.1.2 能耗监测内容

监测内容包括两个方面：一是报告期内典型公路工程施工中各种能源消耗情况，诸如电、煤炭、柴油、汽油等的消耗情况；二是报告期内公路建设企业承建这些典型公路工程产生的总产值。

5.4.1.3 能耗监测频度

监测频度拟采用季度方式。

5.4.1.4　能耗监测方法

江西省重点公路建设企业填写《公路建设企业能源消耗情况调查表》,并将调查表直接上报省交通运输厅。

5.4.1.5　能耗监测指标

(1)能源消耗量:报告期内江西省重点公路建设企业在典型公路工程施工中各种能源(包括电、煤炭、柴油、汽油等)的消耗量。

(2)总产值:报告期内江西省重点公路建设企业承建该典型公路工程产生的总产值。

5.4.2　公路运营监测

5.4.2.1　能耗监测对象

对江西省重点高速公路运营企业经营的所有高速公路服务区、收费站、隧道的能源消耗情况进行监测。

5.4.2.2　能耗监测内容

监测内容包括两个方面:一是报告期内高速公路运营企业经营的所有高速公路服务区、收费站、隧道的各种能源消耗情况,诸如水、电、煤炭、柴油、汽油等的消耗情况;二是报告期内高速公路运营企业经营的这些高速公路服务区、收费站、隧道产生的总产值。

5.4.2.3　能耗监测频度

监测频度拟采用季度方式。

5.4.2.4　能耗监测方法

江西省重点高速公路运营企业填写《高速公路服务区、收费站、隧道能源消耗情况调查表》,并将调查表直接上报省交通运输厅。

5.4.2.5　能耗监测指标

(1)能源消耗量:报告期内江西省重点高速公路运营企业经营的所有高速公路服务区、收费站、隧道的各种能源(包括水、电、煤炭、柴油、汽油等)的消耗量。

(2)总产值:报告期内高速公路运营企业经营的这些高速公路服务区、收费站、隧道产生的总产值。

5.4.3 企业定性监测

对江西省公路建设和运营企业的定性监测旨在考察企业根据年度或中长期节能目标实施节能措施的情况，主要从能源管理、节能技术两个方面实施能耗监测。

5.4.3.1 能源管理监测

能源管理指标主要指监测江西省公路建设和运营企业是否建立了健全的能源管理机制，具体包括以下几个方面。

1）能源管理机构建设情况

该指标主要监测江西省公路建设和运营企业是否建立了能源管理机构，能源管理机构设置和人员配备是否合理以及是否落实到位，能源管理机构的目标和职责是否明确，能源管理机构的工作经费是否有保障等。

2）能源管理制度建立和实施情况

该指标主要监测江西省公路建设和运营企业是否建立了规范的能耗统计制度和完善的能耗考核制度，以及能耗统计和考核制度的具体执行情况。

3）员工节能培训

该指标主要监测江西省公路建设和运营企业对员工节能理念、技术、方法的培训情况，例如培训内容是否合理，培训覆盖面是否广泛，培训频度是否适当等。

5.4.3.2 节能技术监测

节能技术指标主要监测江西省公路建设和运营企业在节能技术研发和推广应用方面的情况，包括对节能新技术数量和节能技术实施效果两个方面实施监测。

1）节能新技术数量

该指标主要从数量上监测江西省公路建设和运营企业开展节能新技术（包含新产品）创新以及取得的创新成果情况。是否属于新技术以及新技术的级别具体由专家根据项目实施内容、项目运行情况和项目实施效果予以认定。

2）节能技术实施效果

该指标主要监测江西省公路建设和运营企业推广应用节能技术（包含本企业自主创新的节能新技术和从外部引进的节能技术）的实施效果，依据项目实施前后公路建设和运营能耗降低情况予以评定。

5.5 水路运输能耗监测体系研究

总体而言,水路运输能耗监测包括定量监测和定性监测,其中,定量监测又包括传统监测和仪器监测,以传统监测为主,并开展仪器监测试点。考虑到全省水路运输的实际情况,水路运输能耗监测拟在水路货运企业开展。

5.5.1 水路货运监测

5.5.1.1 能耗监测对象

拟对江西省重点水路货运企业实施监测。纳入能耗监测的水路货运企业范围以中华人民共和国交通运输部制定、中华人民共和国国家统计局批准的《交通运输综合统计报表制度》中的重点联系企业为基础,并在全省范围内筛选、补充部分典型水路货运企业。筛选、补充水路货运企业的标准包括在船型、运输货类等方面具有代表性、管理较为规范等。

5.5.1.2 能耗监测内容

拟对各重点水路货运企业单船的运输及能耗相关数据,包括船型、建成年月、净载重量、功率、货运量、货物周转量、能耗等实施监测。

5.5.1.3 能耗监测频度

监测频度拟采用月度方式。调研发现,江西省水路货运企业一般以月度作为日常统计工作的周期,考虑到在不增加企业的工作负担的前提下,能够既充分保证能耗监测数据的时效性,又有效反映企业月度能耗、运输效率等相关数据的变化情况,建议以月度作为能耗监测周期。

5.5.1.4 能耗监测方法

纳入能耗监测范围的各典型水路货运企业以填写调查表的方式直接上报省交通运输厅。

5.5.1.5 能耗监测指标

(1)船型:船舶分类标准为:干散货船(包括干货船、散货船、散装水泥运输船);杂货船;滚装船;多用途船;其他普通货船(包括木材船、水产品运输船、重大件运输船、汽车渡船、挂浆机船、冷藏船、火车渡船、矿散油船、半潜船);集装箱船；油船；其他液货船（包括散装化学品船、散装化学品船/油船、液化气船、散装沥青船）；拖船（包括拖船、推轮）。

（2）建成年月：指船舶建成下水的时间。为6位有效数字，前4位为年份，后2位为月份，如201306表示2013年6月。

（3）净载重量：指船舶的总载重量减去燃（物）料、淡水、粮食及供应品、人员及其行李等的重量及船舶常数后，能够装载货物的实际重量。计算单位：吨。

计算公式：

净载重量 = 总载重量 − 燃（物）料重量 − 淡水等给养 − 船舶常数

（4）车位量：指滚装运输船舶可用于装载车辆的额定数量。计算单位：车位。该指标仅限滚装船填写。

（5）本月完成航次数：指报告期内船舶已完成航次的数量，包括上月发生在本月完成的航次数。计算单位：航次。

（6）货运量：指报告期内船舶实际运送的货物重量。计算单位：千吨。拖船的货运量指的是拖船拖带非机动船舶时，非机动船舶装运的货物量。

（7）集装箱运量：指报告期内船舶实际运送集装箱的数量，按折合为20英尺集装箱的数量计算。计算单位：TEU。

（8）货物周转量：指报告期内船舶的货物周转量。计算单位：千吨·千米。拖船的货物周转量指的是拖船拖带非机动船舶时，非机动船舶产生的货物周转量。

（9）集装箱周转量：指报告期内船舶实际运送的每个集装箱与该集装箱运送的里程的乘积之和。按折合为20英尺集装箱的数量计算，计算单位：TEU·千米。

计算公式：

集装箱周转量 = Σ（每个集装箱的换算TEU数量 × 该箱实际运送距离）

（10）船舶总吨（千瓦）天：拖船填写船舶总千瓦天，其他船舶填写船舶总吨天。船舶总吨天指报告期内船舶的净载重量与其已完成航次航行天的乘积。计算单位：千吨·天。船舶总千瓦天指报告期内船舶的主机额定功率与其已完成航次航行天的乘积。计算单位：千千瓦·天。航次天包括营运天和非营运天。营运天指报告期内船舶技术状况完好，可以从事运输工作的时间。非营运天指报告期内船舶因技术状况不良，进行修理、待修及其他不能从事运输生产的时间。航次时间的计算，自上一航次最终目的港卸空所载货物时起至本航次最终目的港卸空所载货物时止为一个航次时间。

计算公式：

船舶总吨天 = 船舶净载重量 ×（船舶已完成航次营运天 + 船舶已完成航次非营运天）

船舶总千瓦天＝船舶主机额定功率×(船舶已完成航次营运天＋船舶已完成航次非营运天)

(11)船舶营运吨(千瓦)天:拖船填写船舶营运千瓦天,其他船舶填写船舶营运吨天。船舶营运吨天指报告期内船舶的净载重量与已完成航次的营运天的乘积。计算单位:千吨·天。船舶营运千瓦天指报告期内船舶的主机额定功率与已完成航次的营运天的乘积。计算单位:千千瓦·天。营运天包括航行时间、停泊时间和其他工作时间。

计算公式:

船舶营运吨天＝船舶净载重量×船舶已完成航次营运天

船舶营运千瓦天＝船舶主机额定功率×船舶已完成航次营运天

(12)船舶航行吨(千瓦)天:拖船填写船舶航行千瓦天,其他船舶填写船舶航行吨天。船舶航行吨天指报告期内船舶的净载重量与已完成航次的航行天的乘积。计算单位:千吨·天。船舶航行千瓦天指报告期内船舶的主机额定功率与已完成航次的航行天的乘积。计算单位:千千瓦·天。航行天指船舶从始发港至目的港之间的实际航行时间,包括机动船拖带驳船、排液通过激流浅滩、大桥、浅窄航道时,分批拖带的往返航行作业时间,以及等候航道的时间,但不包括扎风、扎雾、扎水、宿夜等途中停泊时间及在港内移泊时间。

计算公式:

船舶航行吨天＝船舶净载重量×船舶已完成航次航行天

船舶航行千瓦天＝船舶主机额定功率×船舶已完成航次航行天

(13)船舶吨位(千瓦)千米:拖船填写船舶千瓦千米,其他船舶填写船舶吨位千米。船舶吨位千米指报告期内船舶净载重量与已完成航次航行里程的乘积。计算单位:千吨·千米。船舶千瓦千米指报告期内船舶主机额定功率与已完成航次航行里程的乘积。计算单位:千瓦·千米。

计算公式:

船舶吨位千米＝船舶净载重量×船舶已完成航次实际航行里程

船舶千瓦千米＝船舶主机额定功率×船舶已完成航次实际航行里程

(14)实际能耗:指每个自然月内运输生产船舶实际消耗的能源数量。

5.5.2 仪器监测试点

5.5.2.1 能耗监测对象

鉴于大范围开展仪器监测的条件还不成熟,因此先在前述100家采用传统监测的企业中挑选2家管理较为规范的内河水路货运企业进行仪器监测试点。

5.5.2.2 能耗监测方法

具体而言,在试点水路货运企业选择部分或全部营运船舶安装油耗实时监测仪器,同时在试点企业建立能耗实时监测中心,并在省交通运输厅信息中心建立全省交通运输能耗实时监测中心。油耗实时监测仪器、试点企业能耗实时监测中心和省交通运输厅信息中心能耗实时监测中心实行联网,油耗实时监测仪器实时采集船舶的总油耗数据、总行程数据等,并传输到企业能耗实时监测中心和省交通运输厅信息中心能耗实时监测中心。

5.5.2.3 能耗监测指标

(1)船型:船舶分类标准为:干散货船(包括干货船、散货船、散装水泥运输船);杂货船;滚装船;多用途船;其他普通货船(包括木材船、水产品运输船、重大件运输船、汽车渡船、挂浆机船、冷藏船、火车渡船、矿散油船、半潜船);集装箱船;油船;其他液货船(包括散装化学品船、散装化学品船/油船、液化气船、散装沥青船);拖船(包括拖船、推轮)。

(2)建成年月:指船舶建成下水的时间。为6位有效数字,前4位为年份,后2位为月份,如201302表示2013年2月。

(3)净载重量:指船舶的总载重量减去燃(物)料、淡水、粮食及供应品、人员及其行李等的重量及船舶常数后,能够装载货物的实际重量。计算单位:吨。

计算公式:

净载重量 = 总载重量 − 燃(物)料重量 − 淡水等给养 − 船舶常数

(4)总行程:指每个自然月内船舶在实际工作中所行驶的总里程数。计算单位:千米。

(5)实际总油耗:指每个自然月内运输生产船舶实际消耗的燃油数量。计算单位:吨。

5.5.3 企业定性监测

对水路货运的定性监测,旨在考察江西省水路货运企业根据年度或中长期节能目标实施节能措施的情况,主要从能源管理、节能技术两个方面实施监测。

5.5.3.1 能源管理监测

能源管理指标主要监测江西省水路货运企业是否建立了健全的能源管理机制,具体包括以下几个方面。

1）能源管理机构建设情况

该指标主要监测江西省水路货运企业是否建立了能源管理机构，能源管理机构设置和人员配备是否合理以及是否落实到位，能源管理机构的目标和职责是否明确，能源管理机构的工作经费是否有保障等。

2）能源管理制度建立和实施情况

该指标主要监测江西省水路货运企业是否建立了规范的能耗统计制度和完善的能耗考核制度，以及能耗统计和考核制度的具体执行情况。

3）员工节能培训

该指标主要监测江西省水路货运企业对员工节能理念、技术、方法的培训情况，例如培训内容是否合理，培训覆盖面是否广泛，培训频度是否适当等。

5.5.3.2 节能技术监测

节能技术指标主要监测江西省水路货运企业在节能技术研发和推广应用方面的情况，包括对节能新技术数量和节能技术实施效果两个方面实施监测。

1）节能新技术数量

该指标主要从数量上监测水路货运企业开展节能新技术（包含新产品）创新和取得的创新成果情况。是否属于新技术以及技术级别由专家根据项目实施内容、项目运行情况和项目实施效果等予以认定。

2）节能技术实施效果

该指标主要监测水路货运企业推广应用节能技术（包含本企业自主创新的节能新技术和从外部引进的节能技术）的实施效果，依据项目实施前后水路货运企业能耗降低情况予以评定。

5.6 港口生产能耗监测体系研究

港口生产能耗监测包括定性监测和定量监测，其中，定量监测又包括传统监测和仪器监测，以传统监测为主，并开展仪器监测试点。

5.6.1 港口生产监测

5.6.1.1 能耗监测对象

鉴于全省重点内河港口企业具备较好的能耗调查基础，可对全省重点内河港口企业实施能耗监测，获取重点内河港口企业的生产、能耗等相关数据。

5.6.1.2 能耗监测内容

拟对江西省重点内河港口企业的生产和能耗情况实施监测,包括分燃料类型的吞吐量数据、能耗数据及相关数据。

5.6.1.3 能耗监测频度

能耗监测频度拟采用季度方式。

5.6.1.4 能耗监测方法

纳入能耗监测范围的江西省重点内河港口企业通过填写调查表的方式直接向省交通运输厅上报数据。

5.6.1.5 能耗监测指标

(1)生产能源消耗总量:报告期内港口企业从事港口货物装卸等生产活动的能源消耗量。包括装卸生产能源消耗与辅助生产能源消耗。

(2)装卸生产能源消耗量:报告期内港口企业直接用于装卸生产的能源消耗量。主要包括装卸、水平运输、库场作业、现场照明、客运服务等能源消耗量。

(3)辅助生产能源消耗量:报告期内港口企业直接为装卸生产服务的能源消耗量。主要包括:港作船舶、场区内铁路机车运输、后方货运汽车、物流公司、机修、候工楼、生产办公楼、理货房、港口设施维护、集装箱冷藏箱保温、液体化工码头罐区及管道加热、港区污水处理、给排水等能源消耗量。

(4)其他能源消耗量:指报告港口企业从事工业生产、餐饮、旅游、房地产等与港口生产无关的业务或生活能源消耗量。

5.6.2 仪器监测试点

5.6.2.1 能耗监测对象

鉴于大范围开展仪器监测的条件还不成熟,因此先在前述100家采用传统监测的企业中挑选2家重点内河港口企业进行仪器监测试点。

5.6.2.2 能耗监测方法

具体而言,在试点内河港口企业安装能耗实时监测仪器,同时在试点企业建立能耗实时监测中心,并在省交通运输厅信息中心建立全省交通运输能耗实时监测中心。能耗实时监测仪器、试点企业能耗实时监测中心和省交通运输厅信息中心能耗实时监测中心实行联网,能耗实时监测仪器实时采集港口的总能耗数据等,并传输到企业能耗实时监测中心和省交通运输厅信息中心能耗实时监测中心。

5.6.2.3 能耗监测指标

仪器监测的指标包括：

（1）生产能源消耗总量：每个自然月内港口企业从事港口货物装卸等生产活动的能源消耗量。包括装卸生产能源消耗与辅助生产能源消耗。

（2）装卸生产能源消耗量：每个自然月内港口企业直接用于装卸生产的能源消耗量。主要包括装卸、水平运输、库场作业、现场照明、客运服务等能源消耗量。

（3）辅助生产能源消耗量：每个自然月内港口企业直接为装卸生产服务的能源消耗量。主要包括：港作船舶、场区内铁路机车运输、后方货运汽车、物流公司、机修、候工楼、生产办公楼、理货房、港口设施维护、集装箱冷藏箱保温、液体化工码头罐区及管道加热、港区污水处理、给排水等能源消耗量。

（4）其他能源消耗量：指每个自然月内，港口企业从事工业生产、餐饮、旅游、房地产等与港口生产无关的业务或生活能源消耗量。

5.6.3 企业定性监测

对江西省重点内河港口企业的定性监测旨在考察企业根据年度或中长期节能目标实施节能措施的情况，主要从能源管理、节能技术两个方面实施监测。

5.6.3.1 能源管理监测

能源管理指标主要监测江西省重点内河港口企业是否建立了健全的能源管理机制，具体包括以下几个方面。

1）能源管理机构建设情况

该指标主要监测内河港口企业是否建立了能源管理机构，能源管理机构设置和人员配备是否合理以及是否落实到位，能源管理机构的目标和职责是否明确，能源管理机构的工作经费是否有保障等。

2）能源管理制度建立和实施情况

该指标主要监测江西省重点内河港口企业是否建立了规范的能耗统计制度和完善的能耗考核制度，以及能耗统计和考核制度的具体执行情况。

3）员工节能培训

该指标主要监测江西省重点内河港口企业对员工节能理念、技术、方法的培训情况，例如培训内容是否合理，培训覆盖面是否广泛，培训频度是否适当等。

5.6.3.2 节能技术监测

节能技术指标主要监测江西省重点内河港口企业在节能技术研发和推广应用方面的情况,包括对节能新技术数量和节能技术实施效果两个方面实施监测。

1) 节能新技术数量

该指标主要从数量上监测江西省重点内河港口企业开展节能新技术(包含新产品)创新以及取得的创新成果情况。是否属于新技术以及技术级别由专家根据项目实施内容、项目运行情况和项目实施效果等予以认定。

2) 节能技术实施效果

该指标主要监测江西省重点内河港口企业推广应用节能技术(包含本企业自主创新的节能新技术和从外部引进的节能技术)的实施效果,依据项目实施前后内河港口企业能耗降低情况予以评定。

5.7 城市公共交通能耗监测体系研究

5.7.1 城市公交监测

5.7.1.1 能耗监测对象

拟对江西省各地级市中典型城市公交企业的全部公交车辆实施能耗监测。调研发现,江西省城市公交企业一般采用公司化的运作方式,有着较为完善的公交车辆能耗管理制度,可以通过获取城市公交企业所属公交车辆能耗及能耗相关数据的方式实施监测。

5.7.1.2 能耗监测内容

拟对江西省典型城市公交企业的分燃料类型的车辆数、合计运营里程、燃料消耗总量以及客运总量等实施监测。

5.7.1.3 能耗监测频度

监测频度拟采用月度方式。调研发现,江西省城市公交企业在日常统计工作中一般以月度作为统计的周期,考虑到在不增加企业工作负担的前提下,能够既充分保证能耗监测数据的时效性,又有效反映企业月度能耗、运输效率等相关数据的变化情况,建议以月度作为城市公交企业能耗监测周期。

5.7.1.4　能耗监测方法

由江西省典型城市公交企业填写《城市公交企业月度燃料消耗调查表》,并将调查表直接上报省交通运输厅。

5.7.1.5　能耗监测指标

(1)车辆数:指城市公交企业用于公交运营业务的全部车辆数。新购、新制和调入的运营车辆,自投入之日起开始计算;调出、报废和调作他用的运营车辆,自上级主管机关批准之日起不再计入。

(2)运营里程:指运营车辆为运营而出车行驶的全部里程,包括载客里程和空驶里程。按使用燃料类型(汽油车、乙醇汽油车、柴油车、液化石油气车、天然气车、电车、双燃料车)行驶里程分别填写。计算单位:千米。

载客里程指运营车辆规定载运乘客行驶的里程,包括运营车辆为运送乘客在线路行驶的里程和包车载客里程。计算单位:千米。

空驶里程指运营车辆为运营而规定不载运乘客的空车行驶里程,包括从车场至线路出、回场里程、中途故障和其他原因空驶到起点、终点或车场的里程、包车回程的空驶里程。计算单位:千米。

(3)燃料消耗总量:指运营车辆行车消耗的各种燃料和电能的数量。按汽油车、乙醇汽油车、柴油车、液化石油气车、天然气车、电车、双燃料车分别填写。

参考换算标准:汽油 1 吨 = 1 351 升;乙醇汽油 1 吨 = 1 342 升;柴油 1 吨 = 1 149 升;液化石油气 1 吨 = 1 852 升;液化天然气 1 吨 = 1 380 标准立方米天然气(1 个标准立方米天然气是指 1 个大气压下,20 摄氏度时的 1 立方米天然气)。

(4)客运总量:指报告期公共交通运送乘客的总人次,包括付费乘客和不付费乘客人次。

5.7.2　出租汽车监测

5.7.2.1　能耗监测对象

拟对江西省各地级市中典型出租汽车客运企业的全部出租汽车实施能耗监测。鉴于江西省各城市出租汽车计价器管理信息系统中包含了大量有效的出租汽车运营信息,因此,可以采用从出租汽车计价器内导出相关数据的方式获得出租汽车能耗监测数据。

具体而言,纳入能耗监测的出租汽车企业范围可以参考中华人民共和国交通运输部制定、中华人民共和国国家统计局批准的《交通运输综合统计报表制度》中的重点联系企业,在全省范围内筛选部分典型的出租汽车企业实施能耗监测。筛选的标准包括:出租汽车企业管理较为规范、信息化管理程度较高、可以满足能耗监测的需要等。

5.7.2.2 能耗监测内容

拟对出租汽车燃料类型、上车时间、下车时间、载客里程、空车里程等实施监测。

5.7.2.3 能耗监测频度

监测频度拟采用月度方式。调研发现,江西省出租汽车企业在日常统计工作中一般以月度作为统计的周期,考虑到在不增加出租汽车企业的工作负担的前提下,能够既充分保证能耗监测数据的时效性,又有效反映企业月度能耗、运输效率等相关数据的变化情况,建议以月度作为出租汽车能耗监测周期。

5.7.2.4 能耗监测方法

由江西省典型出租汽车企业从出租汽车计价器管理信息系统中导出相关数据,填写《出租汽车企业运营效率月度调查表》,直接上报省交通运输厅,同时上报相应的数据库说明文件。

5.7.2.5 能耗监测指标

(1)车号:指出租车车牌号。

(2)趟次序号:出租汽车自乘客上车至乘客下车,称为一个趟次。趟次序号指出租汽车在调查期内各个趟次的序列编号,在一个月中一般自001开始,按顺序进行编号。

(3)燃料类型:在下列选项中选择一项填写:①汽油;②柴油;③天然气;④液化石油气;⑤双燃料;⑥其他。

(4)上车日期:指报告期内出租汽车有载客趟次乘客的上车日期。如2013年2月1日。

(5)上车时间:指报告期内出租汽车有载客趟次乘客的上车时间。如08:00。

(6)下车时间:指报告期内出租汽车有载客趟次乘客的下车时间。如08:20。

(7)载客里程:指一个趟次中乘客自上车至下车之间的里程。计算单位:千米。

(8)空驶里程:指上次乘客下车距本次乘客上车之间的里程。计算单位:千米。

(9)燃料消耗总量:指运营车辆行车消耗的各种燃料和电能的数量。

5.7.3 仪器监测试点

5.7.3.1 能耗监测对象

鉴于大范围开展仪器监测的条件还不成熟,因此先在前述100家采用传统监测的企业中挑选3家管理比较规范的城市公交企业进行仪器监测试点。

5.7.3.2 能耗监测方法

具体而言,在试点城市公交企业选择部分或全部公交车辆安装油耗实时监测仪器,同时在试点企业建立能耗实时监测中心,并在省交通运输厅信息中心建立全省交通运输能耗实时监测中心。油耗实时监测仪器、试点企业能耗实时监测中心和省交通运输厅信息中心能耗实时监测中心实行联网,油耗实时监测仪器实时采集车辆的总油耗数据、总行程数据等,并传输到企业能耗实时监测中心和省交通运输厅信息中心能耗实时监测中心。

5.7.3.3 能耗监测指标

(1)车辆数:指城市公交企业用于公交运营业务的全部车辆数。新购、新制和调入的运营车辆,自投入之日起开始计算;调出、报废和调作他用的运营车辆,自上级主管机关批准之日起不再计入。

(2)运营里程:指运营车辆为运营而出车行驶的全部里程,包括载客里程和空驶里程。按使用燃料类型(汽油车、乙醇汽油车、柴油车、液化石油气车、天然气车、电车、双燃料车)行驶里程分别采集。计算单位:千米。

载客里程指运营车辆规定载运乘客行驶的里程,包括运营车辆为运送乘客在线路行驶的里程和包车载客里程。计算单位:千米。

空驶里程指运营车辆为运营而规定不载运乘客的空车行驶里程,包括从车场至线路出、回场里程、中途故障和其他原因空驶到起点、终点或车场的里程、包车回程的空驶里程。计算单位:千米。

(3)燃料消耗总量:指运营车辆行车消耗的各种燃料和电能的数量。按汽油车、乙醇汽油车、柴油车、液化石油气车、天然气车、电车、双燃料车分别采集。

(4)客运总量:指报告期公共交通运送乘客的总人次,包括付费乘客和不付费乘客人次。

5.7.4 企业定性监测

对江西省城市公交和出租汽车企业的定性监测旨在考察企业根据年度或中长

期节能目标实施节能措施的情况,主要从能源管理、节能技术两个方面实施监测。

5.7.4.1 能源管理监测

能源管理指标主要监测江西省城市公交和出租汽车企业是否建立了健全的能源管理机制,具体包括以下几个方面。

1)能源管理机构建设情况

该指标主要监测江西省城市公交和出租汽车企业是否建立了能源管理机构,能源管理机构设置和人员配备是否合理以及是否落实到位,能源管理机构的目标和职责是否明确,能源管理机构的工作经费是否有保障等。

2)能源管理制度建立和实施情况

该指标主要监测江西省城市公交和出租汽车企业是否建立了规范的能耗统计制度和完善的能耗考核制度,以及能耗统计和考核制度的具体执行情况。

3)员工节能培训

该指标主要监测江西省城市公交和出租汽车企业对员工节能理念、技术、方法的培训情况,例如培训内容是否合理,培训覆盖面是否广泛,培训频度是否适当等。

5.7.4.2 节能技术监测

节能技术指标主要监测江西省城市公交和出租汽车企业在节能技术研发和推广应用方面的情况,包括对节能新技术数量和节能技术实施效果两个方面实施监测。

1)节能新技术数量

该指标主要从数量上监测江西省城市公交和出租汽车企业开展节能新技术(包含新产品)创新以及取得的创新成果情况。是否属于新技术以及技术级别由专家根据项目实施内容、项目运行情况和项目实施效果等予以认定。

2)节能技术实施效果

该指标主要监测江西省城市公交和出租汽车企业推广应用节能技术(包含本企业自主创新的节能新技术和从外部引进的节能技术)的实施效果,依据项目实施前后城市公交和出租汽车企业能耗降低情况予以评定。

5.8 组织与实施

5.8.1 能耗监测管理架构

江西省交通运输能耗监测体系建设实行两级管理,即被监测企业为第一级管理,实施自我管理,省交通运输厅为第二级管理,对被监测企业实施监督管理。具体而言,被监测企业负责按要求填写本企业能耗数据,并定期向省交通运输厅统计部门报送,省交通运输厅负责接收、处理能耗数据和监督管理被监测企业的填报工作。

5.8.2 能耗监测机构人员建设

在监测队伍的建设上(图5-2),近期主要以省交通运输厅现行负责统计的部门为主体,依托相应辅助机构进行监测工作的组织实施工作,远期则成立专门的节能监测体系,从人力、物力、资金等方面形成比较完善的组织架构、人员安排及专项资金安排,以促进专业监测队伍的形成,更好地促进节能减排监测工作的推进与实施。

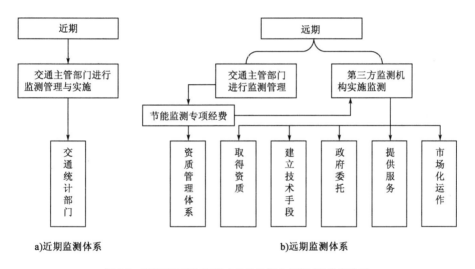

图5-2 近期及远期江西省交通运输行业节能减排监测体系

5.8.3 能耗监测工作要求

在建立健全江西省交通运输能耗统计指标体系的基础上,通过对各项能耗指标的数据质量实施全面监测,评估江西省各地区、各重点企业能耗数据质量,客观、公正、科学地评价节能工作进展,全面、真实地反映全省、各地区以及重点耗能企业的节能进展情况和取得的成效。在加强交通运输能耗各项指标统计的同时,对能耗指标的数据质量进行监测,确保各项能耗指标的真实、准确。全省交通运输行业节能指标及其数据质量近期由省交通运输厅统计部门负责实施监测,远期成立专门的监测机构,逐级监测。资料的搜集工作由各有关部门共同参与。现行国家统计报表制度中可以获取的资料,原则上不再另行调查,由各级交通运输管理部门负责加工整理、核算;现行部门报表制度中可以获取的资料,由各级交通运输管理部门负责提供;现行报表制度无法获取的资料,统一由省交通运输厅组织各级相关部门分工调查。重点企业直接向省交通运输厅报送监测数据。现行国家统计监测报表制度中可以获取的资料,原则上不再另行调查。

5.8.4 能耗监测对象

近期,在全省交通运输行业挑选100家重点企业作为监测对象,重点企业应覆盖公路建设和运营、公路运输、水路运输、港口和城市客运各个领域,并且在省辖各地级市合理分布。通过对重点企业能耗实施定期监测,系统完整地反映重点企业节能减排工作的动态变化情况。远期,在全省交通运输行业挑选500家重点企业作为监测对象。

重点监测企业名录见表5-1~表5-4。

部分重点监测公路运输企业名录　　　　　表5-1

企 业 序 号	企业名称(备选)❶
一、公路企业	
1	江西省高速公路投资集团有限责任公司
2	江西省公路开发总公司
3	江西高速公路赣粤股份公司
4	江西方兴科技有限公司
5	江西赣粤高速工程公司
6	江西交通建设工程项目管理公司
7	江西畅行高速公路服务区开发经营有限公司
8	江西赣粤高速公路养护工程有限责任公司

❶来源自江西省参加国家发展改革委"万家企业节能低碳行动"和交通运输部"车、船、路、港"千家企业低碳交通运输专项行动的企业名单。

续上表

企业序号	企业名称(备选)
二、公路班线客运企业	
1	江西长运股份有限公司
2	江西宜春汽车运输股份有限公司
3	上饶汽运集团有限公司
4	新国线集团(江西)运输有限公司
5	江西吉安长运有限公司
6	上饶汽运高速客运有限公司
7	九江长途汽车运输股份有限公司
8	江西萍乡长运有限公司
9	江西省景德镇长运有限公司
10	江西新余长运有限公司
11	江西省鹰潭市汽车运输有限责任公司
12	吉安市映山红旅游汽车有限公司
13	江西抚州长运有限公司
14	抚州市旅游汽车运输有限公司
15	抚州集群实业有限公司
16	抚州市龙祥汽运有限公司
17	江西南昌长运有限公司

重点监测水路货运企业名录　　　　　　　　表 5-2

企业序号	企业名称
1	江西省远洋运输公司
2	江西水运集团有限公司
3	江西省工程船厂
4	鄱阳县江海船舶修造厂
5	中国船舶工业闽赣有限公司
……	……

注:重点企业名单可根据每年实际情况进行补充和删减。

重点监测港口企业名录　　　　　　　　　表5-3

企业序号	所在港口	企业名称
1	南昌港	南昌国际集装箱码头有限公司
2	九江港	上港集团九江港务有限公司
……	……	……

注：重点企业名单可根据每年实际情况进行补充和删减。

重点监测城市客运企业名录　　　　　　　表5-4

企业序号	企业名称
城市公交企业	
1	南昌市公共交通总公司
2	景德镇市公共交通公司
3	新余市公共交通公司
……	……
城市出租汽车企业	
1	南昌市出租汽车有限公司
2	景德镇市出租汽车有限公司
3	新余出租汽车有限公司
……	……

注：重点企业名单可根据每年实际情况进行补充和删减。

5.8.5　能耗监测方法

采用传统监测与仪器监测相结合的方式，近期，在100家企业全面推行传统监测，同时在10家企业开展仪器监测试点；远期，在500家企业全面推行传统监测，同时在50家企业开展仪器监测试点。

5.8.5.1　传统监测

由企业采用传统的人工记录和填写报表的方式按要求定期上报数据。为提高工作效率，也可以开发能耗监测数据网络报送系统，由各企业通过互联网定期报送相关能耗数据。

5.8.5.2 仪器监测

仪器监测是指在车辆、船舶等运营装备上安装能耗监测仪器对运营装备的能耗进行实时监测的监测方法。

建议在前述100家企业中挑选10家公路运输、水路运输、港口和城市公交企业进行仪器监测试点,通过在运营装备上安装能耗监测仪器(诸如G-BOS❶、GPS油耗监控系统等)对企业能耗进行实时监测。可分别在企业和省交通运输厅建立能耗实时监测中心,运营装备、企业能耗实时监测中心和省交通运输厅能耗实时监测中心实行联网,即在省交通运输厅能够对任一试点企业及其所属运营装备的能耗实施远程实时监控。省交通运输厅能耗实时监测中心可设在省交通运输厅信息中心。

5.8.6 能耗监测数据核查及分析报告

为保证江西省交通运输能耗监测数据的准确性,及时把握江西省交通运输行业节能工作的进展情况及能源利用的变化情况,需要建立对能耗监测指标的数据核查和节能形势分析报告制度。结合政府及有关管理部门分解的当期节能目标,进行当期能耗监测数据的核查与分析。

5.8.6.1 能耗监测数据核查

能耗监测数据的核查以全面核查的方式进行,主要通过将各监测指标与国内平均水平或国际先进水平的标准值进行对比的方法,将浮动范围较大较不合理的数据进行深入调查与核实、核算,并将上一年度的数据作为基本对比数据进行对比,以综合判断数据的真实性与合理性。省交通运输厅负责对全行业数据进行全面核查。数据核查结果将作为重要依据,与第二年的监测经费安排挂钩(远期)。

---

❶ G-BOS即智慧客车运营系统,是Telematics技术(无线通信技术、卫星定位、网络通信技术、车载电脑)、CAN总线技术、商业智能技术、先进管理技术在客车上的综合应用,是新一代智能运营管理工具。G-BOS具有多项功能,其中一项极为重要的功能是油耗管理。G-BOS通过安装在客车上的G-BOS终端,从CAN总线、各类传感器上持续不断地采集发动机运行数据、车辆状况信息等,同时接收GPS卫星定位信息,记录车辆所在位置,所有这些信息通过3G通信技术实时传递到数据处理中心。数据处理中心通过商业智能技术将接收到的海量数据实时分析、整理,并结合国内外先进管理思想,将驾驶员不良驾驶行为、油耗数据、车辆运行情况、维修保养计划等内容以直观的报告、图表等形式展现出来。客户可使用独立账号从互联网在任何地方访问G-BOS,及时了解车辆油耗情况。

5.8.6.2 能耗监测分析报告

根据能耗监测数据,由江西省交通运输厅形成全行业年度(近期)或季度(远期)节能形势分析报告。监测结果总结分析报告内容包括:

(1)监测结果总体概况。包括总体能源消耗量、能源消耗品种构成、能源消耗地区构成、能源消耗行业构成等。

(2)节能形势分析。包括行业单位运输量能耗水平、重点企业单位运输量能耗水平、运输效率水平对比分析等。

(3)能源管理状况。分析各地区、各企业在能源管理工作中采取的主要措施。包括能源管理机构设置状况、能源管理政策措施状况、能源统计实施状况等。

(4)节能技术装备状况。包括车辆结构状况、节能设施设备状况等。

(5)监测结果分析。包括各地区、各企业能耗监测结果比较,各地区、各企业节能达标情况比较,与国际先进水平比较等。

5.8.7 能耗监测数据采集分析平台和决策支持系统建设

远期来看,要单独建设江西省交通运输行业节能减排数据采集分析平台和决策支持系统,将交通运输行业节能减排监测指标的年报和季报及相关基础数据、车辆结构数据、节能减排技术装备基础数据、节能统计数据等功能模块集成到统一软件平台,实现自动汇总、智能化查询和自动校正功能,不断提高交通运输能耗监测水平。同时,逐步构建完善的能源利用预警模型,建立各种决策参数和直观图形分析体系,为决策提供参考和依据。

5.8.8 能耗监测数据采集人员培训

由于能耗监测体系中大部分能耗监测指标及调查表涉及专业性较强的数据采集工作,为确保能耗监测工作顺利开展,要采取灵活多样的方式,对所有统计人员实施培训,提高统计人员素质,确保数据采集准确、高效。

5.8.9 能耗监测报表

能耗监测报表见表5-5~表5-14。

表 5-5

报 表 目 录

表 号	表 名	报告期别	填报范围	报送单位	报出日期及方式	备注
公路运输部分						
月 报						
赣交能监 101 表	班线客运企业月度运行情况调查表	月报	重点监测班线客运企业	重点监测班线客运企业	月后 20 日 报送表及电子邮件	
赣交能监 102 表	普通载货汽车月度运行情况调查表	月报	重点监测的普通公路货运企业	重点监测的普通公路货运企业		
赣交能监 103 表	专业载货汽车月度运行情况调查表	月报	重点监测的专业公路货运企业	重点监测的专业公路货运企业		
公路建设与运营部分						
季 报						
赣交能监 201 表	公路建设企业能源消耗情况调查表	季报	重点监测的公路建设企业	重点监测的公路建设企业	季后 20 日 报送表及电子邮件	

续上表

表号	表名	报告期别	填报范围	报送单位	报出日期及方式	备注
赣交能监202表	高速公路服务区、收费站、隧道能源消耗情况调查表	季报	重点监测的高速公路运营企业	重点监测的高速公路运营企业	季后20日报送表及电子邮件	
水路运输部分						
赣交能监301表	内河货运船舶运输及能耗调查表	月报	重点监测内河货运企业	重点监测内河货运企业	月后20日报送表及电子邮件	
港口部分						
赣交能监401表	港口企业主要能源消耗调查表	季报	重点监测内河港口企业	重点监测内河港口企业	季后20日报送表及电子邮件	
城市客运部分						
赣交能监501表	城市公交企业月度燃料消耗调查表	月报	重点监测城市公交企业	重点监测城市公交企业	月后20日报送表及电子邮件	
赣交能监502表	出租汽车企业运营效率月度调查表	月报	重点监测出租汽车企业	重点监测出租汽车企业		

班线客运企业月度运行情况调查表

表号：赣交能监101表
表5-6

填报单位：　　　　　　填报时间：　年　月

车牌号	厂牌型号	燃料类型	出厂年份（年）	车长（米）	核定载客位（客位）	生产情况							车辆增减情况
						班次（班次）	总行程（千米）	工作车日（天）	客运量（人）	旅客周转量（人·千米）	油耗情况,实际总油耗（升）	
甲	乙	丙	丁	1	2	3	4	5	6	7	8	9

单位负责人：　　　统计负责人：　　　填表人：　　　联系电话：　　　报出日期：　年　月　日

赣交能监101表指标解释及填报说明

1. 本表填报范围为重点班线客运企业。
2. 本表统计口径为重点班线客运企业所有实施了油耗考核、并能准确掌握油耗情况的所有载客汽车。
3. 指标解释及填表说明如下。

(1)车牌号:指运输车辆的车牌号码。

(2)厂牌型号:指运输车辆出厂时厂家编制的车辆型号,由企业名称代号、车辆类别代号、主参数代号、产品序号组成,如厦门金龙旅行车有限公司生产的客车厂牌型号为 XML6101J13。

(3)燃料类型:在下列选项中选择一项填写:①汽油;②柴油;③其他。

(4)出厂年份:指运输车辆的出厂年份,为4位有效数字,如2010。

(5)核定载客位:指运输车辆的核定客位数,计算单位:客位。

(6)班次:指报告期内营运班线上实际开行的班次数,计算单位:班次。

(7)总行程:指报告期内车辆在实际工作中所行使的总里程数,不包括为进行保养、修理而进出维修厂及试车的里程,计算单位:千米。

(8)工作车日:指报告期内实际出车工作的车日,计算单位:车日。

(9)客运量:指报告期内运输车辆实际运送的旅客人数,计算单位:人。

(10)旅客周转量:指报告期内运输车辆实际运送的每位旅客与其相应运行距离的乘积之和,计算单位:人·千米。

计算公式:

旅客周转量(人·千米) = Σ(运送的每位旅客×该旅客运送距离)

(11)油耗情况,实际总油耗:指报告期内运输生产车辆实际消耗的燃油数量,计算单位:升。

(12)车辆增减情况:报告期内车辆增减情况发生改变的,在下列选项中选择一项填写:①新增;②报废;③停驶。车辆增减情况未发生改变的,此项不填写。

4. 表内逻辑关系:7列≤4列×6列。

普通载货汽车月度运行情况调查表

表号：赣交能监 102 表
表 5-7

填报单位：　　　　　　　填报时间：　　年　　月

车牌号	燃料类型	出厂年份（年）	标志吨位（吨）	月停驶天数（天）	生产情况				油耗情况，月油耗（升）
					总行程（千米）	载至行程（千米）	货运量（吨）	货物周转量（吨·千米）	
甲	乙	1	2	3	4	5	6	7	8

单位负责人：　　　　统计负责人：　　　　填表人：　　　　联系电话：　　　　报出日期：　年　月　日

赣交能监 102 表指标解释及填报说明

1. 本表填报范围为指定货物运输企业。通过选取部分管理较好的普通载货汽车开展调查填写,要求 2 吨以下、2~4 吨(含 4 吨)、4~8 吨(含 8 吨)、8~20 吨(含 20 吨)、20 吨以上各调查 5 辆。对某一子层车辆数不足 5 辆的,填报该子层全部车辆相关数据。原则上要求固定各月度被调查的车辆。
2. 指标解释及填表说明如下。
(1)车牌号:指运输车辆的车牌号码。
(2)燃料类型:在下列选项中选择一项填写:①汽油;②柴油;③其他。
(3)出厂年份:指运输车辆的出厂年份,为四位有效数组,如 2010。
(4)标志吨位:指载货汽车的标志吨位,计算单位:吨。
(5)月停驶天数:指报告期内被调查车辆未出车工作的车日,计算单位:天。
(6)总行程:指报告期内车辆在实际工作中所行使的总里程数,不包括为进行保养、修理而进出维修厂及试车的里程,计算单位:千米。
(7)载运行程:指报告期内被调查车辆载货的行驶里程,计算单位:千米。
(8)货运量:指报告期内运输车辆实际运送的货物质量,计算单位:吨。
(9)货物周转量:指报告期内运输车辆实际运送的每批货物质量与其相应运送距离的乘积之和,计算单位:吨·千米。

计算公式:

货物周转量(吨·千米) = Σ(每批货物质量 × 该批货物的运送距离)

(10)月油耗:指报告期内被调查车辆月度消耗的燃油数量,计算单位:升。
3. 表内逻辑关系:5 列 ≤ 4 列;7 列 ≤ 6 列 × 4 列。

专业载货汽车月度运行情况调查表

填报时间：年　月

表号：赣交能监103表

表5-8

填报单位：

| 车牌号 | 类型 | 燃料类型 | 出厂年份（年） | 标志吨位（吨） | 生产情况 ||||| 油耗情况，月油耗（升） |
					月停驶天数（天）	总行程（千米）	载运行程（千米）	货运量（吨）	货物周转量（吨·千米）	
甲	乙	丙	1	2	3	4	5	6	7	8

单位负责人：　　　统计负责人：　　　填表人：　　　联系电话：　　　报出日期：年　月　日

赣交能监103表指标解释及填报说明

1.本表填报范围为指定货物运输企业。选取的货物运输企业和选定的调查车型请参见相关文件。

2.本表统计口径为指定货物运输企业所有且实施了油耗考核、并能准确掌握油耗情况的所有运输车辆。

3.指标解释及填表说明如下。

(1)车牌号:指运输车辆的车牌号码。

(2)车型:在下列选项中选择一项填写:㉙厢式车;㉛集装箱车;㉜大件运输车;㉝保温冷藏车;㉞商品车运输专用车辆;㉟罐车;㊱牵引车;㊲挂车;㊳平板车;㊴其他专用车。

(3)燃料类型:在下列选项中选择一项填写:①汽油,②柴油,③其他。

(4)出厂年份:指运输车辆的出厂年份,为4位有效数字,如2010。

(5)标志吨位:指载货汽车的标志吨位,牵引车填写准牵引总质量,计算单位:吨。

(6)月停驶天数:指报告期内被调查车辆未出车工作的车日,计算单位:天。

(7)总行程:指报告期内车辆在实际工作中所行使的总里程数,不包括为进行保养、修理而进出维修厂及试车的里程,计算单位:千米。

(8)载运行程:指报告期内被调查车辆载货的行驶里程,计算单位:千米。

(9)货运量:指报告期内运输车辆实际运送的货物质量,计算单位:吨。

(10)货物周转量:指报告期内运输车辆实际运送的每批货物质量与其相应运送距离的乘积之和,计算单位:吨·千米。

计算公式:

货物周转量(吨·千米) = Σ(每批货物质量×该批货物的运送距离)

(11)月油耗:指报告期内被调查车辆月度消耗的燃油数量,计算单位:升。

4.表内逻辑关系:5列≤4列,7列≤6列×4列。

公路建设企业能源消耗情况调查表

表 5-9

填报单位：　　　　　填报时间：　年　月　　　　表号:赣交能监 201 表

月份	能源消耗量					总产值（万元）
	电（千瓦·时）	煤炭（吨）	柴油（吨）	汽油（吨）	其他	
1						
2						
3						
4						
5						
6						
7						
8						
9						
10						
11						
12						

单位负责人：　统计负责人：　填表人：　联系电话：　报出日期：　年　月　日

赣交能监 201 表指标解释及填报说明

1. 本表填报范围是重点监测的公路建设企业。
2. 本表统计重点监测公路建设企业承建的典型公路工程施工期间的能源消耗总量。
3. 能源消耗统计的能源种类为：电、煤炭、柴油、汽油、其他（燃料油、煤油、人工煤气、液化石油气、天然气、焦炭、热力等，不包括润滑油）。
4. 本表数据中，除总产值指标保留两位小数之外，其他指标均取整数。
5. 指标解释：

（1）能源消耗量：报告期内重点公路建设企业在典型公路工程施工中各种能源（包括电、煤炭、柴油、汽油等）的消耗量。

（2）总产值：报告期内重点公路建设企业承建这些典型公路工程产生的总产值。

高速公路服务区、收费站、隧道能源消耗情况调查表　　　表5-10

填报单位：　　　　填报时间：　　年　月　　　　表号：赣交能监202表

月份	高速公路服务区、收费站、隧道的能源消耗量						总产值（万元）
	水（吨）	电（千瓦·时）	煤炭（吨）	柴油（吨）	汽油（吨）	其他	
1							
2							
3							
4							
5							
6							
7							
8							
9							
10							
11							
12							

单位负责人：　统计负责人：　填表人：　联系电话：　报出日期：　年　月　日

赣交能监 202 表指标解释及填报说明

1. 本表填报范围是重点监测的高速公路运营企业。

2. 本表统计重点监测高速公路运营企业所属的高速公路服务区、收费站、隧道的能源消耗总量。

3. 能源消耗统计的能源种类为：水、电、煤炭、柴油、汽油、其他（燃料油、煤油、人工煤气、液化石油气、天然气、焦炭、热力等，不包括润滑油）。

4. 本表数据中，除总产值指标保留两位小数之外，其他指标均取整数。

5. 指标解释如下。

(1) 能源消耗量：报告期内重点高速公路运营企业经营的所有高速公路服务区、收费站、隧道的各种能源（包括水、电、煤炭、柴油、汽油等）的消耗量。

(2) 总产值：报告期内高速公路运营企业经营这些高速公路服务区、收费站、隧道产生的总产值。

内河货运船舶运输及能耗调查表

表5-11
表号：赣交能监301表

填报单位：　　　　　　　　　填报时间：　年　月

序号	船名	船型	建成时间	净载重量(吨)	集装箱箱位量(TEU)	车位量(车位)	主机额定功率(千瓦)	本月完成航次数(航次)	货运量(千吨)	集装箱运量(TEU)	货物周转量(千吨·千米)	集装箱周转量(TEU·千米)	能耗 合计(吨标准煤)	柴油(吨)	燃料油(吨)	煤油(吨)	船舶总吨天(千瓦天、千吨天、千千瓦天)	船舶营运吨(千瓦·天、千吨·天、千千瓦·天)	船舶航行吨(千瓦·天、千吨·天、千千瓦·天)	船舶吨位(千瓦·千米、千吨·千米、千千瓦·千米)
甲	乙	丙	丁	1	2	3	4	5	6	7	8	9	10	11	12	13	14	15	16	17
1																				
2																				
3																				
4																				
5																				
6																				
7																				
8																				
9																				
…																				

单位负责人：　　　统计负责人：　　　填表人：　　　联系电话：　　　报出日期：　年　月　日

赣交能监 301 表指标解释及填表说明

1. 本表填报范围为重点内河货运企业。

2. 重点内河货运企业填报以内河货运为主的典型自有自营货运船舶,驳船、客货船除外。

3. 本表中的运输量、能耗、运营效率指标均填写报告期内已完成航次的数据。

4. 指标解释及填报规定。

(1) 船型:船舶分类标准及代码为:⑪干散货船(包括干货船、散货船、散装水泥运输船);⑫杂货船;⑬滚装船;⑭多用途船;⑮其他普通货船(包括木材船、水产品运输船、重大件运输船、汽车渡船、挂浆机船、冷藏船、火车渡船、矿散油船、半潜船);⑳集装箱船;㉛油船;㉜其他液货船(包括散装化学品船、散装化品船/油船、液化气船、散装沥青船);㊵拖船(包括拖船、推轮)。

(2) 建成年月:指船舶建成下水的时间。为 6 位有效数字,前 4 位为年份,后 2 位为月份,如 201302 表示 2013 年 2 月。

(3) 净载重量:指船舶的总载重量减去燃(物)料、淡水、粮食及供应品、人员及其行李等的重量及船舶常数后,能够装载货物的实际重量,计算单位:吨。

计算公式:

净载重量 = 总载重量 − 燃(物)料重量 − 淡水等给养重量 − 船舶常数

(4) 车位量:指滚装运输船舶可用于装载车辆的额定数量,计算单位:车位。该指标仅限滚装船填写。

(5) 本月完成航次数:指报告期内船舶已完成航次的数量,包括上月发生在本月完成的航次数。计算单位:航次。

(6) 货运量:指报告期内船舶实际运送的货物重量。计算单位:千吨。拖船的货运量指的是拖船拖带非机动船舶时,非机动船舶装运的货物量。

(7) 集装箱运量:指报告期内船舶实际运送集装箱的数量,按折合为 20 英尺集装箱的数量计算。计算单位:TEU。

该指标仅限集装箱船填写。

(8) 货物周转量:指报告期内船舶的货物周转量。计算单位:千吨·千米。

拖船的货物周转量指的是拖船拖带非机动船舶时,非机动船舶产生的货物周转量。

(9)集装箱周转量:指报告期内船舶实际运送的每个集装箱与该集装箱运送的里程的乘积之和。按折合为20英尺集装箱的数量计算。计算单位:TEU·千米。

计算公式:

集装箱周转量 = $\sum$(每个集装箱的换算 TEU 数量 × 该箱实际运送距离)

该指标仅限集装箱船填写。

(10)船舶总吨(千瓦)天:拖船填写船舶总千瓦天,其他船舶填写船舶总吨天。船舶总吨天指报告期内船舶的净载重量与其已完成航次航行天的乘积,计算单位:千吨·天。船舶总千瓦天指报告期内船舶的主机额定功率与其已完成航次航行天的乘积,计算单位:千千瓦·天。航次天包括营运天和非营运天。营运天指报告期内船舶技术状况完好,可以从事运输工作的时间。非营运天指报告期内船舶因技术状况不良,进行修理、待修及其他不能从事运输生产的时间。航次时间的计算,自上一航次最终目的港卸空所载货物时起至本航次最终目的港卸空所载货物时止为一个航次时间。

计算公式:

船舶总吨天 = 船舶净载重量×(船舶已完成航次营运天 + 船舶已完成航次非营运天)

船舶总千瓦天 = 船舶主机额定功率×(船舶已完成航次营运天 + 船舶已完成航次非营运天)

(11)船舶营运吨(千瓦)天:拖船填写船舶营运千瓦天,其他船舶填写船舶营运吨天。船舶营运吨天指报告期内船舶的净载重量与已完成航次的营运天的乘积,计算单位:千吨·天。船舶营运千瓦天指报告期内船舶的主机额定功率与已完成航次的营运天的乘积,计算单位:千瓦·天。营运天包括航行时间、停泊时间和其他工作时间。

计算公式:

船舶营运吨天 = 船舶净载重量×船舶已完成航次营运天

船舶营运千瓦天 = 船舶主机额定功率×船舶已完成航次营运天

(12)船舶航行吨(千瓦)天:拖船填写船舶航行千瓦天,其他船舶填写船舶航行吨天。船舶航行吨天指报告期内船舶的净载重量与已完成航次的航行天的乘积。计算单位:千吨·天。船舶航行千瓦天指报告期内船舶的主机额定功率与已完成航次的航行天的乘积。计算单位:千千瓦·天。航行天指船舶从始发港至目的港之间的实际航行时间,包括机动船拖带驳船、排液通过激流浅滩、大桥、浅窄航道时,分批拖带的往返航行作业时间,以及等候航道的时间,但不包括扎风、扎雾、扎水、宿夜等途中停泊时间及在港内移泊时间。

计算公式:

船舶航行吨天 = 船舶净载重量 × 船舶已完成航次航行天

船舶航行千瓦天 = 船舶主机额定功率 × 船舶已完成航次航行天

(13)船舶吨位(千瓦)千米:拖船填写船舶千瓦千米,其他船舶填写船舶吨位千米。船舶吨位千米指报告期内船舶净载重量与已完成航次航行里程的乘积,计算单位:千吨·千米。船舶千瓦千米指报告期内船舶主机额定功率与已完成航次航行里程的乘积,计算单位:千瓦·千米。

计算公式:

船舶吨位千米 = 船舶净载重量 × 船舶已完成航次实际航行里程

船舶千瓦千米 = 船舶主机额定功率 × 船舶已完成航次实际航行里程

(14)能耗:指每个自然月内运输生产船舶实际消耗的能源数量。计算单位:吨。

5.货运量、集装箱运量、货物周转量、集装箱周转量、能耗、船舶总吨(千瓦)天、船舶营运吨(千瓦)天、船舶航行吨(千瓦)天、船舶吨位(千瓦)千米,保留一位小数。其他数据取整数。

6.表内逻辑关系:14 列 ≥ 15 列 ≥ 16 列。

港口企业主要能源消耗调查表

表 5-12
表　　号：赣交能监 401 表

填报单位：　　　　　　　填报时间： 年 1— 季度

项目	分类	计算单位	序号	合计	生产能源消耗总量		其他能源消耗量
					装卸生产能源消耗量	辅助生产能源消耗量	
甲	乙	丙	丁	1	2	3	4
能源消耗	煤炭	吨	1				
	汽油	吨	2				
	燃料油	吨	3				
	柴油	吨	4				
	电	万千瓦·时	5				
	其他	吨标准煤	6				
生产量	货物吞吐量	万吨	7				
	旅客吞吐量	万人	8				

单位负责人：　统计负责人：　填表人：　联系电话：　报出日期： 年 月 日

赣交能监 401 表指标解释及填报说明

1. 本表填报范围是重点内河港口企业。填写 1 季度至本季度的累计值。
2. 本表统计港口企业的能源消耗总量,包括生产性能源消耗和其他能源消耗。其中生产性能源消耗主要统计用于港口货物装卸等生产活动的能源消耗(但不包括供给商务船舶的燃料),包括装卸生产能源消耗和辅助生产能源消耗。其他能源消耗是指港口企业从事工业生产、餐饮、旅游、房地产等与港口装卸生产无关的业务和生活用能。
3. 能源消耗统计的能源种类为煤炭、汽油、燃料油、柴油、电力、其他(煤油、人工煤气、液化石油气、天然气、焦炭、热力等,不包括润滑油)。
4. 本表数据中,除电力消耗、货物吞吐量、旅客吞吐量指标保留两位小数之外,其他指标均取整数。
5. 指标解释及填报规定

(1) 生产能源消耗总量:报告期内港口企业从事港口货物装卸等生产活动的能源消耗量。包括装卸生产能源消耗量与辅助生产能源消耗量。

(2) 装卸生产能源消耗量:报告期内港口企业直接用于装卸生产的能源消耗量。主要包括装卸、水平运输、库场作业、现场照明、客运服务等能源消耗量。

(3) 辅助生产能源消耗量:报告期内港口企业直接为装卸生产服务的能源消耗量。主要包括:港作船舶、场区内铁路机车运输、后方货运汽车、物流公司、机修、候工楼、生产办公楼、理货房、港口设施维护、集装箱冷藏箱保温、液体化工码头罐区及管道加热、港区污水处理、给排水等能源消耗量。

(4) 其他能源消耗量:指报告期内港口企业从事工业生产、餐饮、旅游、房地产等与港口生产无关的业务或生活能源消耗量。

6. 为使本表中能耗统计与港口生产统计数据相匹配,本表中的港口吞吐量统计范围为报告期内港口企业对应能耗完成的港口吞吐量。集装箱重量及货重量、滚装船装载的汽车重量及汽车装载的货物重量均应统计到货物吞吐量中。滚装船汽车的重量(吨)按照"滚装汽车标准车辆折算标准及分片区折算系数"规定的计算方法折算。
7. 表内逻辑关系:1 列 = 2 列 + 3 列 + 4 列

城市公交企业月度燃料消耗调查表

表 5-13

表号：赣交能监 501 表

填报单位：　　　　　　　　年　月

指　　标	计 算 单 位	序　号	数　　量
甲	乙	丙	1
一、车辆数合计	辆	1	
1.汽油	辆	2	
2.乙醇汽油	辆	3	
3.柴油	辆	4	
4.液化石油气	辆	5	
5.天然气	辆	6	
6.电	辆	7	
7.双燃料	辆	8	
二、运营里程合计	千米	9	
1.汽油	千米	10	
2.乙醇汽油	千米	11	
3.柴油	千米	12	
4.液化石油气	千米	13	
5.天然气	千米	14	
6.电	千米	15	
7.双燃料	千米	16	
三、燃料消耗总量合计	吨标准煤	17	
1.汽油	吨	18	
2.乙醇汽油	吨	19	
3.柴油	吨	20	
4.液化石油气	吨	21	
5.天然气	标准立方米	22	

续上表

指　　标	计算单位	序　　号	数　　量
甲	乙	丙	1
6.电	千瓦·时	23	
7.双燃料合计	吨标准煤	24	
其中：汽油	吨	25	
乙醇汽油	吨	26	
柴油	吨	27	
液化石油气	吨	28	
天然气	标准立方米	29	
四、客运总量	万人次	30	

单位负责人：　统计负责人：　填表人：　联系电话：　报出日期：　年 月 日

赣交能监 501 表指标解释及填报说明

1. 本表填报范围为典型城市公交企业。
2. 本表统计口径为典型城市公交企业所有公交车辆。
3. 指标解释及填表说明

(1) 车辆数:指城市公交企业用于公交运营业务的全部车辆数。新购、新制和调入的运营车辆,自投入之日起开始计算;调出、报废和调作他用的运营车辆,自上级主管机关批准之日起不再计入。

(2) 运营里程:指运营车辆为运营而出车行驶的全部里程,包括载客里程和空驶里程。按使用燃料类型(汽油车、乙醇汽油车、柴油车、液化石油气车、天然气车、电车、双燃料车)行驶里程分别填写。计算单位:千米。

载客里程指运营车辆规定载运乘客行驶的里程,包括运营车辆为运送乘客在线路行驶的里程和包车载客里程。计算单位:千米。

空驶里程指运营车辆为运营而规定不载运乘客的空车行驶里程,包括从车场至线路出、回场里程、中途故障和其他原因空驶到起点、终点或车场的里程、包车回程的空驶里程。计算单位:千米。

(3) 燃料消耗总量:指运营车辆行车消耗的各种燃料和电能的数量。按汽油车、乙醇汽油车、柴油车、液化石油气车、天然气车、电车、双燃料车分别填写。

参考换算标准:汽油 1 吨换算为 1351 升;乙醇汽油 1 吨换算为 1342 升;柴油 1 吨换算为 1149 升;液化石油气 1 吨换算为 1852 升;液化天然气 1 吨换算为 1380 标准立方米天然气(1 个标准立方米天然气是指 1 个大气压下,20 摄氏度时的 1 立方米天然气)。

(4) 客运总量:指报告期内公共交通运送乘客的总人次,包括付费乘客和不付费乘客人次。

付费客运量计算方法:

① 普通乘客依据售出普通客票张数计算人次,单程客票每张计算 1 人次,往返客票每张计算 2 人次。

② 无人售票运营车辆,以实收金额折算乘客人次。

③ 用 IC 卡付费的运营车辆,乘坐只需刷卡一次的,实际乘客人次按实际刷

卡次数计,乘坐需上下车各刷卡一次的,实际乘客人次按实际刷卡次数除以2计。

④团体包车按实际载客人数计算,单程运送每人计算1人次,往返运送每人计算2人次,如实际载客人数不易计算时,亦可按车辆客位数计算;旅游客票不论到达几个旅游点,一张客票只计算1人次,购往返票的按2人次计算。

⑤纸质月票乘客人次等于月票张数乘以每张月票月乘车次数。每张月票月乘车次数由近期客流调查资料确定。无客流调查资料的城市,月票乘车次数,大中城市按120人次计算,小城市按90人次计算,季票乘车次数分别按360人次和270人次计算。

不付费客运量计算方法:各地根据实际情况抽样调查确定。

4. 表内逻辑关系。

行逻辑关系:1行(车辆数合计)=2行+3行+4行+5行+6行+7行+8行;9行(运营里程合计)=10行+11行+12行+13行+14行+15行+16行。

出租汽车企业运营效率月度调查表　　　　　表 5-14

表号:赣交能监 502 表

填报单位：　　　　　年　月

车牌号	趟次序号	燃料类型	上车日期	上车时间	下车时间	载客里程（千米）	空驶里程（千米）	燃料消耗总量(吨)
甲	乙	丙	丁	戊	己	1	2	3
	1							
	2							
	3							
	4							
	5							
	6							
	7							
	8							
	9							
	…							

单位负责人：　统计负责人：　填表人：　联系电话：　报出日期：　年 月 日

赣交能监 502 表指标解释及填报说明

1. 本表填报范围为重点出租汽车企业,从出租汽车计价器管理信息系统中获取该出租汽车企业所有运营车辆月度各趟次运营信息,整理、审核后上报省交通运输厅,同时上报相应的数据库说明文件。

2. 本表统计口径为重点出租汽车企业所有出租汽车。

3. 指标解释及填表说明

(1)车牌号:指出租车车牌号。

(2)趟次序号:出租汽车自乘客上车至乘客下车,称为一个趟次。趟次序号指出租汽车在调查期内各个趟次的序列编号,在一个月中一般自 001 开始,按顺序进行编号。

(3)燃料类型:在下列选项中选择一项填写:①汽油;②柴油;③天然气;④液化石油气;⑤双燃料;⑥其他。

(4)上车日期:指报告期内出租汽车有载客趟次乘客的上车日期,如 2010 年 1 月 1 日。

(5)上车时间:指报告期内出租汽车有载客趟次乘客的上车时间,如 08:00。

(6)下车时间:指报告期内出租汽车有载客趟次乘客的下车时间,如 08:20。

(7)载客里程:指一个趟次中乘客自上车至下车之间的里程。计算单位:千米。

(8)空驶里程:指上次乘客下车距本次乘客上车之间的里程。计算单位:千米。

(9)燃料消耗总量:指运营车辆行车消耗的各种燃料和电能的数量。

6 江西省交通运输节能减排考核体系研究

6.1 体系框架

江西省交通运输节能减排考核体系是指以全省交通运输行业节能减排目标为基础,建立一个能够完整地表达要求的由考核指标、考核主体、考核对象、组织机构、人员配备、考核方法、奖惩机制等组成的系统(图6-1)。

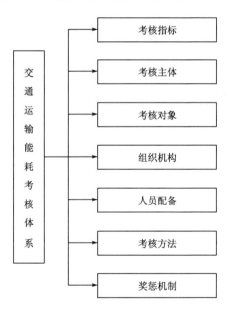

图6-1 交通运输节能减排考核体系架构

具体而言,江西省交通运输节能减排考核体系包含以下几个方面的内容:

(1)考核指标:是指由一组既独立又相互关联并能较完整地表达考核要求

的指标组成的考核系统。考核指标是能够反映业绩目标完成情况、工作态度、能力等级的数据,是考核体系的基本单位。

（2）考核主体:考核主体是江西省交通运输厅。江西省交通运输厅节能减排工作领导小组办公室会同相关部门组成考核工作组,通过现场核查和重点抽查等方式,对各单位自查结果进行考核。

（3）考核对象:考核对象为管理部门和企业两个层次。管理部门为江西省交通运输厅及直属管理单位、各地市交通运输局及其直属管理单位;企业是指江西省从事交通建设与运输服务的重点能耗企业。

（4）组织机构:是指江西省交通运输节能减排工作领导小组办公室,被考核管理部门和企业考核自查与配合考核相关工作机构。

（5）人员配备:为了更好地完成考核工作,江西省交通运输节能减排工作领导小组办公室应配备专门的考核工作筹备人员和考核工作专家库,筹备人员负责配合考核专家组开展联络、协调等相关工作,考核专家组负责具体考核工作。

（6）考核方法:考核具体操作方法,如现场考察程序设计、材料审查程序设计等。

（7）奖惩机制:保障考核工作的严谨性、约束性和确实落到实处而设计的奖励与惩罚的措施。

6.2 总体要求

6.2.1 基本思路

按照目标明确、责任落实、措施到位、奖惩分明、一级抓一级、一级考核一级的要求,以实现全省交通运输行业节能减排刚性目标为导向,为进一步推进节能减排工作各项政策措施的落实,结合江西省政府要求以及交通运输节能减排规划,以强化对全省各级交通运输管理部门节能减排责任为出发点,构建全省交通运输行业节能减排考核指标体系,同时对重点企业进行考核。具体的考核流程如图6-2所示。

6.2.2 建设目标

建设目标为到2015年,建立健全节能减排目标责任评价、考核和奖惩制度,

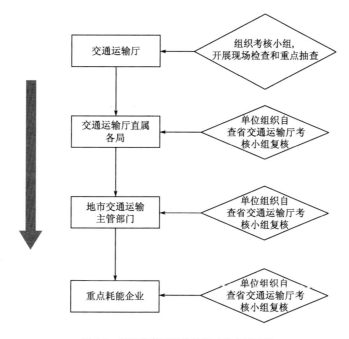

图 6-2 江西省交通运输节能减排考核流程

明确考核主体、考核对象、考核内容和方法、考核结果应用等内容,强化政府和企业责任,充分发挥节能减排政策指挥棒作用,确保实现"十二五"节能减排目标。近期及远期考核体系如图 6-3 所示。

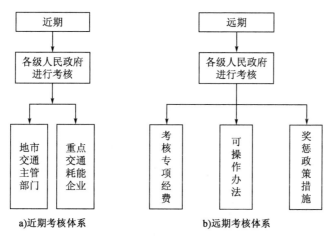

a) 近期考核体系　　　　b) 远期考核体系

图 6-3　近期及远期江西省交通运输行业节能减排考核体系

6.2.3 基本原则

考核体系是由若干个具有相互作用的要素构成的复合体,具有各个构成要素所没有的新的性质和功能。因此,考核指标体系的建立应该遵循一定的原则,即科学性原则、系统性原则和可操作性原则。

6.2.3.1 科学性原则

考核指标体系要建立在对系统充分认识、充分研究的基础上,要能比较客观和真实地反映节能降耗状况,并能较好地度量节能水平。课题组通过深入了解江西省交通运输行业节能减排相关的最新政策、法规、标准和管理措施,对影响江西省交通运输行业节能减排的因素做了深刻的分析,这些都是该考核指标体系构建的参考依据。对于节能减排考核指标的选取,既包括定性指标,也包括定量指标。如"优化基础设施结构"就是定性指标,"客运实载率"就是定量指标。要保证指标体系的全面科学性,不能因为定性指标的数据不好确定而不选取,也不能因为定量指标的统计数据缺乏而选择易于查询数据的指标代替,要从全省整个交通运输行业节能减排绩效考核的客观本质出发,保证考核指标科学合理,具有指导性。

6.2.3.2 系统性原则

考核体系应系统、全面地反映交通运输业节能降耗工作,采用系统分析方法,在全面分析能源消耗影响因素的基础上,构建出系统、全面的考核体系。每一份考核评分表均包含节能减排量化目标和节能减排主要措施两部分考核项目,具体指标则包含节能减排管理方面、技术方面、工作过程方面以及工作结果等方面。

6.2.3.3 可操作性原则

一个好的考核指标体系必须具备很强的可操作性。考核指标体系的指标应当能够易于测量与计算,定量指标有明确的数据来源和计算方法,定性指标易于给出明确的评价。充分考虑各项指标的数据来源及数据获取的可行性,尽量选取含义明确、计算方法简单的指标,这样构建的指标体系对于整个节能减排工作来说是最实用和有效的,具有良好的可操作性。

6.2.3.4 简明性原则

选择的指标宜少而精,应尽可能简单明了,并具有代表性,能够全面、准确地反映行业节能减排的整体目标,不可偏废,重要指标不可遗漏。指标的设置要围绕评价目的有针对性地加以选择,在满足全面性和独立性的前提下,指标体系应尽可能简洁明晰,避免给评价、分析比较造成困难和混乱。

6.2.3.5 可比性原则

评价指标设置应尽可能采用通用的名称、概念和计算方法,保持统计口径的连续性,使各相关指标具有可比性,以利于进行横向、纵向的对比分析。

6.2.4 考核方法与结果

采用定量和定性相结合的办法,相应设置节能减排量化目标完成指标和节能减排主要措施落实指标,满分为 100 分。节能减排量化目标完成指标为定量考核指标,以各单位制订的年度节能目标、各重点耗能企业签订节能目标责任书确定的年度节能目标为基准,分别依据全省交通运输节能减排"十二五"规划、年度节能减排工作要点等所确定的节能指标,计算目标完成率进行评分,满分为40 分。节能措施落实指标为定性考核指标,是对各单位、各重点耗能企业落实节能措施情况进行评分,满分为 60 分。

6.2.5 考核程序

考核采取单位自查和省交通运输主管部门复核相结合的方式,每年进行一次。

各单位按照要求,结合本单位的具体情况以及全省节能减排总体安排,确定年度节能目标,以市为单位于当年 2 月底前报省交通运输厅节能减排工作领导小组办公室备案。省交通运输厅节能减排工作领导小组办公室于 3 月底前核定各单位节能减排目标和任务分配,报省交通运输厅节能减排工作领导小组审定后实施。

各单位本着实事求是的原则进行自查,形成自查报告,其内容应包括节能减排量化目标完成情况、节能减排主要措施落实情况、考核自查得分及证明材料等,并于次年 2 月底前将自查结果上报省交通运输厅节能减排工作领导小组。

省交通运输厅节能减排工作领导小组办公室会同相关部门组成考核工作组,通过现场核查和重点抽查等方式,对各单位自查结果进行复核,形成综合评价报告。综合评价报告经省交通运输厅节能减排工作领导小组审核后在全省交通运输系统内公布。

6.2.6 考核奖惩

考核结果分为 A(超额完成,95 分以上)、B(完成,80~94 分)、C(基本完成,60~80 分)、D(未完成,60 分以下)四个等级。未完成节能目标的,直接评定为 D(未完成)等级。

对各单位节能减排目标责任考核结果经省交通运输厅节能办公室审定后,交由人事主管部门依照《体现科学发展观要求的地方党政领导班子和领导干部综合考核评价试行办法》等规定,作为对单位领导班子和领导干部综合考核评价的重要依据,实行问责制和"一票否决"制。

对考核结果为超额完成和完成等级的单位,具备全省交通运输行业评先树优的资格,省交通运输主管部门按照一定比例给予表彰奖励。对考核等级为未完成的单位,其领导干部不得参加年度评奖、授予荣誉称号等,在考核结果公布后一个月内,提出整改措施,形成报告,报省交通运输厅节能减排办公室。整改不到位的,予以通报批评。

在考核中,如发现有弄虚作假行为的,予以通报批评。

6.3 公路运输节能减排工作考核

6.3.1 考核对象

考核对象为管理部门和企业两个层次。管理部门为江西省公路运输管理局及各市公路运输管理处,重点能耗企业是指江西省从事道路客、货运输企业。

6.3.2 考核组织及分工

省公路运输管理局成立节能减排工作领导小组办公室,负责全省道路运输系统节能减排工作的领导、组织和监管工作。根据省交通运输主管部门统一安排,对各市公路运输节能减排工作完成情况进行复核。

各市公路运输管理机构成立建设节约型道路运输系统工作领导小组办公室,根据各地交通运输主管部门统一安排,负责本辖区道路运输系统节能工作的自查和考核,并对重点运输企业节能工作进行指导、考核。

6.3.3 考核内容

考核内容为节能减排量化目标的完成情况和节能减排主要措施的落实情况,也就是定量与定性相结合。节能减排量化目标是指道路运输管理机构应制订本地区的客、货运输车辆的能源消耗标准要求及行业节能减排目标。企业应制订本企业的能源消耗标准(不得低于行业标准要求),及每年应达到的节能减排目标。节能减排主要措施落实情况指标为定性评价指标,根据指标的完成率或有关工作完成情况计分。

省交通运输主管部门根据省政府和交通运输部确定的节能减排任务目标,提出年度考核量化基准指标,各市、各单位根据基准指标提报各自的年度考核量化目标,经省交通运输厅节能领导小组审核批准后,作为省交通运输主管部门对各单位的年度考核依据。

6.3.3.1 量化目标

1)营运客车单位运输周转量能耗

完成或超额完成考核目标且有真实完整统计数据得10分。本指标为否决性指标,只要未完成年度目标值即为未完成等级。

2)营运货车单位运输周转量能耗

完成或超额完成考核目标且有真实完整统计数据得10分。本指标为否决性指标,只要未完成年度目标值即为未完成等级。

3)营运客车单位运输周转量二氧化碳排放

完成或超额完成考核目标且有真实完整统计数据得10分。本指标为否决性指标,只要未完成年度目标值即为未完成等级。

4)营运货车单位运输周转量二氧化碳排放

完成或超额完成考核目标且有真实完整统计数据得10分。本指标为否决性指标,只要未完成年度目标值即为未完成等级。

6.3.3.2 节能减排主要措施

1)健全节能减排组织领导机制

成立节能减排工作领导小组或相应的机构,明确节能减排工作责任部门,有专兼职的节能减排工作人员,并且根据部门或人员的变化及时进行调整,定期召开会议,研究节能减排问题并形成协调机制。领导小组人员、部门或工作人员如有变动,应在一个月内进行调整,并重新下发正式文件进行明确。

2）履行节能减排监管职责

贯彻《中华人民共和国节约能源法》，根据上级有关规定，制订本地区或本企业的相关计划，开展节能减排检查，落实能源消耗限额，出台节能鼓励政策。不定期对重点用能企业进行节能减排监督检查。将年度节能减排目标逐级分解，制订具体的工作方案，责任落实到人。

3）开展节能减排技术研发、推广示范项目和节能产品

推广国家或经技术部门认定的新技术、新产品及自主开发的节能减排新技术、新产品，制订年度节能减排研发计划。积极推广使用节能减排示范项目、技术和设备。

4）落实节能减排基础管理工作

建立完善的节能减排统计体系，统计数据真实可靠。对所有职工进行节能减排教育，对重点岗位人员进行节能减排技术培训。建立完善的节能减排监测体系，有效进行能源消耗审计，积极开展节能减排第三方检测工作。

5）调整和优化运输结构

按计划对车辆进行结构优化调整，定期更新老旧车辆，淘汰落后运力。推广使用甩挂、集装箱、罐装等形式的先进运输方式。

6）推广使用新能源和清洁能源车辆

要制订本地区或本企业新能源或清洁能源车辆的发展规划，积极推广使用电动、混合动力、燃气车辆等节能新产品、新技术，逐年提高使用比例。

7）执行燃料消耗量限值标准

贯彻《中华人民共和国节约能源法》，根据江西省交通运输厅对汽车燃料消耗限额的规定，制订出本地区或本企业的能源消耗执行标准。在车辆准入中，严格执行车辆燃油消耗量限值准入制度，新进车辆全部是达标表内车辆，其参数全部符合相关要求。

6.3.3.3 加分项

年度内获得省部级以上表彰的节能减排先进单位或个人及节能减排成果每项加 10 分。

江西省道路运输系统节能减排工作考核评分表见表 6-1。

江西省道路运输系统节能减排工作考核评分表

表 6-1

考核项目	序号	考核指标	分值	考核内容及计分标准	得分
节能减排综合指标（40分）	1	营运货车单位运输周转量能耗	10	完成或超额完成考核目标且有真实完整统计数据得10分。本指标为否决性指标，只要未完成年度目标值即为未完成等级	
	2	营运客车单位运输周转量能耗	10	完成或超额完成考核目标且有真实完整统计数据得10分。本指标为否决性指标，只要未完成年度目标值即为未完成等级	
	3	营运货车单位运输周转量二氧化碳排放	10	完成或超额完成考核目标且有真实完整统计数据得10分。本指标为否决性指标，只要未完成年度目标值即为未完成等级	
	4	营运客车单位运输周转量二氧化碳排放	10	完成或超额完成考核目标且有真实完整统计数据得10分。本指标为否决性指标，只要未完成年度目标值即为未完成等级	
节能减排主要措施（60分）	5	健全节能减排组织领导机制	10	1.建立节能减排领导小组并形成协调机制，明确各成员节能减排管理职责，根据领导子成员变动及时进行调整得4分，反之不得分； 2.明确或建立兼职工作人员、确定职责分工得4分，反之不得分； 3.定期召开会议或例会，部署节能减排工作，强化工作措施，业务部门抓好落实得2分，反之不得分	
	6	履行节能减排监管职责	10	1.出台和完善节能减排工作配套政策措施得3分，反之不得分； 2.加强重点用能和排放单位监管4分，监管不到位扣2分，无重点企业名单的扣2分； 3.开展任务目标完成情况检查，通报整改相关得3分，反之不得分	
	7	开展节能减排技术研发、推广示范项目和节能产品	10	1.节能减排技术应用节能示范项目、技术和设备得3分，未列入不得分； 2.推广应用节能示范项目、技术和设备得3分，未推广不得分； 3.积极推广节能减排工作，年度有内获得省部级节能减排示范项目的得3分，未推广不得分；	

续上表

考核项目	序号	考核指标	分值	考核内容及计分标准	得分
节能减排主要措施（60分）	8	落实节能减排基础管理工作	10	1. 逐级分解节能减排任务目标,制订具体工作方案或意见得2分,反之不得分; 2. 建立完善节能减排统计工作,定期发布相关信息得3分,反之不得分; 3. 开展节能减排宣传和业务培训得2分,未开展不得分; 4. 建立完善的节能减排监测体系,开展能源消耗内部审计或开展节能减排第三方检测得3分,未建立或未开展的不得分	
	9	调整和优化运输结构	10	1. 完成当年淘汰落后运力目标,运输车辆技术状况符合国家标准得5分,车辆结构逐年优化,运输周转量能耗逐年下降或推广使用节能新产品车辆比例逐年提高得3分,持平得2分,下降不得分; 2. 推广使用先进运输组织方式,提高运输效能得5分,参与先进运输方式的车辆(或车辆所占比例)逐年增加,运输周转量能耗逐年下降得2分,持平得1分,上升不得分	
	10	推广使用新能源和清洁能源车辆	10	1. 制订新能源运输车辆发展规划并组织实施得3分,反之不得分; 2. 推广使用节能、绿色装备和车辆比例逐年提升得2分,持平得1分,下降不得分	
	11	执行燃料消耗量限值标准	5	1. 执行省客货运输车辆燃料消耗限额标准2分,未执行不得分; 2. 落实客货运输车辆燃油消耗量限值准入制度得3分,新进车辆一辆不在达标表内,扣1分,扣完为止	
总计			100		

6.4 公路建设与运营节能减排工作考核

6.4.1 考核对象

考核对象为管理部门和企业两个层次。管理部门为江西省高速公路投资集团有限责任公司(江西省高等级公路管理局)、江西省公路管理局及直属单位、各市公路管理局;重点能耗企业是指江西省从事公路建设、投资的企业。

6.4.2 考核组织及分工

省公路管理局节能减排工作领导小组负责全省公路系统节能减排工作的组织领导,省交通运输厅公路局节能减排工作领导小组办公室具体负责对各市公路管理部门、局直属单位及重点能耗企业节能减排工作的日常督查、协调及考核组织工作。

各市公路管理局负责本辖区范围内节能减排工作的自查和考核。

6.4.3 考核内容

考核内容为节能减排量化目标的完成情况和节能减排主要措施的落实情况,也就是定量与定性相结合。定量指标包括公路路面建设材料循环利用率、新能源在公路工程中的应用情况、扩建工程老路利用率、养护大修工程旧路利用率、路面铺装率、道路绿化率;节能措施指标为定性评价指标,根据指标的完成率或有关工作完成情况计分。

省交通运输厅节能减排工作领导小组根据省政府和交通运输部确定的节能减排任务目标,提出年度考核量化基准指标,各单位根据基准指标提报各自的年度考核量化目标,经省交通运输主管部门节能减排工作领导小组审核批准后,作为省交通运输主管部门对各单位的年度考核依据。

6.4.3.1 综合指标

1)公路路面建设材料循环利用率

完成或超额完成考核目标得 10 分,未完成不得分。

2)路面铺装率

完成或超额完成考核目标得 10 分,未完成不得分。

3)道路绿化率

完成或超额完成考核目标得 10 分,未完成不得分。

4)公路网综合密度

完成或超额完成考核目标得 10 分,未完成不得分。

6.4.3.2　节能减排主要措施

1)健全节能减排组织领导机制

成立节能减排工作领导小组或相应的机构,明确节能减排工作责任部门,有专兼职的节能减排工作人员,并且根据部门或人员的变化及时进行调整,定期召开会议,研究节能减排问题并形成协调机制。领导小组人员、部门或工作人员如有变动,应在一个月内进行调整,并重新下发正式文件进行明确。

2)分解落实节能减排目标责任

建立健全节能减排责任制,根据自身实际,制订本单位建设节约型行业实施意见,明确工作目标,并逐级分解;根据工作任务分解情况,市公路局与各基层单位签订《节能减排任务目标责任书》,明确责任,落实措施;工程项目施工前与施工企业签订节能减排责任书或环境保护责任状,明确责任,落实措施;每年年底对年度工作目标完成情况进行检查考核,形成检查结果总结材料或自查报告,按规定时限上报省交通运输厅公路局。

3)加强公路建设监管工作

督促施工单位建立健全监测检查制度,定期对施工现场节能减排或环保情况进行检查,落实整改措施;按照节能设备采购目录积极购置使用节能机械,建立台账,完善能耗统计制度;重点督促工程建设中环保体系的建设、科学合理组织施工以及建设工程中各项节能减排制度的制定和落实情况。

4)开展节能减排技术研发、推广示范项目和节能产品

推广国家或经技术部门认定的新技术、新产品及自主开发的节能减排新技术、新产品,制订年度节能减排研发计划。积极推广使用不停车收费、公路隧道技术、路面材料再生技术等节能减排示范项目、技术和设备。

5)落实节能减排基础管理工作

建立完善的节能减排统计体系,统计数据真实可靠。对所有职工进行过节能减排教育,对重点岗位人员进行节能减排技术培训。建立完善的节能减排监测体系,有效进行能源消耗审计,积极开展节能减排第三方检测工作。

6)优化基础设施结构

制订节能减排工作发展规划,或在公路发展规划中纳入节能减排内容;加强工程项目前期工作,严格建设程序,明确节能篇的内容,包括具体请示和批复的内容;重点考核设计方案的优化、节能评估审查意见、工程项目验收的执行落实情况等。

江西省公路系统节能减排工作考核评分表

表 6-2

考核项目	序号	考核指标	分值	考核内容及计分标准	得分
节能减排综合指标（40分）	1	公路路面建设材料循环利用率	10	完成或超额完成考核目标得10分，未完成不得分	
	2	路面铺装率	10	完成或超额完成考核目标得10分，未完成不得分	
	3	道路绿化率	10	完成或超额完成考核目标得10分，未完成不得分	
	4	公路网综合密度	10	完成或超额完成考核目标得10分，未完成不得分	
节能减排主要措施（60分）	5	健全节能减排组织领导机制	10	1.建立节能减排领导机构，明确各成员节能减排管理职责，并根据领导班子成员变动及时进行调整得4分，反之不得分 2.市局明确节能减排工作部门，基层单位指定综合管理科室，配备专（兼）职人员得4分，反之不得分 3.定期召开会议或例会，部署节能减排工作，研究解决相关问题，强化工作措施，业务部门抓好落实得2分，反之不得分	
	6	分解落实节能减排目标责任	5	1.建立健全节能减排责任制，制订并逐级分解节能减排目标得1分，反之不得分 2.市局与有关科（处）室、基层单位签订《节能减排责任书》得1分，反之不得分 3.养护、建设施工工程由建设单位与施工企业签订《节能减排任务》并抓好落实得1分，反之不得分 4.成立考核小组，对各基层单位按照责任书任务目标逐项进行考核评定，考核总结报省交通运输厅公路局得2分，反之不得分	

续上表

考核项目	序号	考核指标	分值	考核内容及计分标准	得分
节能减排主要措施（60分）	7	加强公路建设监管工作	5	1. 工程建设建立完善环保体系，实行严格的施工许可制度，施工合同中有减少弃方及废弃物等内容，并制订妥善用料方案得1分，反之不得分 2. 参建单位建立全过程跟踪检测、检查及整改机制得1分，反之不得分 3. 制订完善施工临时性用地的复垦制度得1分，反之不得分 4. 使用节能机械设备，制订能耗统计制度，能耗逐年下降得1分，反之不得分 5. 落实国家、行业及省有关污染物排放和环境评价要求，做到环境保护和工程建设同步设计、同步推进、同步验收得1分，反之不得分	
	8	开展节能减排技术研发，推广示范项目和节能产品	5	1. 节能减排技术研发列入年度科技计划得2分，反之不得分 2. 工程建设因地制宜利用工业废渣得1分，反之不得分 3. 积极推广应用节能示范项目和利用循环路用材料得1分，反之不得分 4. 年度内有列入省、部级节能示范项目的得1分，反之不得分	
	9	落实节能减排管理基础工作	10	1. 根据年度节能减排量化指标制订年度工作计划，落实相关措施，并及时上报省交通运输厅公路局得2分，反之不得分 2. 制订检查制度，定期或不定期组织开展节能减排监督检查，落实整改措施得2分，反之不得分 3. 制订统计制度，对重点能源消耗、环保等数据进行统计得2分，反之不得分 4. 开展节能减排宣传和培训工作，参加市局每年组织的系统内节能减排培训不少于1次得2分，反之不得分 5. 积极开展能源消耗内部审计或第三方检测得2分，反之不得分	

续上表

考核项目	序号	考核指标	分值	考核内容及计分标准	得分
节能减排主要措施（60分）	10	优化基础设施结构	10	1. 各项公路发展规划编制和实施中,公路网络规划科学合理,并纳入节能减排工作目标和措施得3分,发展规划中未纳入节约任务目标,措施的不得分 2. 加强工程项目前期工作,可行性研究报告或项目申请报告必须包括节能分析篇（章）得2分,反之不得分 3. 树立全寿命周期成本理念,合理确定建设规模和标准,优化设计方案,做好项目方案比选关得3分,反之不得分 4. 工程项目验收严格执行国家、省及行业有关节能规定得2分,未按有关节能规定进行工程项目验收的不得分	
	11	建设节约型机关	5	建立节约制度,完善节约措施,完成年度工作目标得5分,反之不得分	
	12	新能源在公路工程中的应用情况	5	太阳能、风能、地热能等新能源在隧道、服务区、收费站等公路设施建设及运营中应用较为充分的得5分;太阳能、风能、地热能等新能源在公路设施建设及运营中应用较一般的得3分;没有使用新能源不得分	
	13	综合运输枢纽建设情况	5	编制行政区域范围内的综合运输枢纽发展专项规划（方案）,按计划组织实施,成效显著得5分;实施进展缓慢得3分;没有编制行政区域范围内的综合运输枢纽发展专项规划（方案）不得分	
总计			100		

7）建设节约型机关

根据本单位实际制订年度节约型机关建设工作任务目标,落实相关措施;制订完善行政经费、会议接待、车辆管理等规章制度,抓好落实,建立节约长效管理机制,推动节约型机关建设的开展。

8）新能源在公路工程中的应用情况

考核太阳能、风能、地热能等新能源在隧道、服务区、收费站等公路设施建设及运营中应用情况。

9）综合运输枢纽建设情况

编制行政区域范围内的综合运输枢纽发展专项规划(方案),查看是否按计划组织建设实施。

6.4.3.3　加分项

年度内获得省部级以上表彰的节能减排先进单位或个人及节能减排成果每项加10分。

江西省公路系统节能减排工作考核评分表见表6-2。

6.5　水路运输和港口生产节能减排工作考核

6.5.1　考核对象

考核对象为管理部门和企业两个层次。管理部门即江西省港航管理局及各市港航管理处。重点能耗企业分为航运企业和港口企业。航运企业的考核对象为江西省全省范围内从事水上客货运输的经营型机动船舶的经营人和企业;港口企业的考核对象为江西省从事港口生产活动的法定港口经营单位。

6.5.2　考核组织及分工

江西省港航管理局节能减排工作领导小组负责全省港航系统节能减排工作考核的领导、组织和监管工作,并负责组织对各市港航主管部门节能减排工作的考核。

各市港航主管部门负责对辖区港航单位节能减排工作的考核。

6.5.3　考核内容

考核内容为节能减排量化目标的完成情况和节能减排主要措施的落实情

况,也就是定量与定性相结合。节能减排量化目标是指营业性船舶单位运输周转量能耗及港口能耗指标的完成情况;节能减排主要措施落实情况指标为定性评价指标,根据指标的完成率或有关工作完成情况计分。

江西省港航管理局根据省交通运输厅确定的节能减排任务目标,提出年度考核量化基准指标,各市港航主管部门根据基准指标,每年提报各自的年度考核量化目标。经江西省港航管理局节能减排领导小组审核批准后,作为各市港航主管部门的年度考核依据。

6.5.3.1 综合指标

1)营运船舶单位运输周转量能耗

完成或超额完成考核目标且有真实完整统计数据得10分。本指标为否决性指标,只要未完成年度目标值即为未完成等级。

2)营运船舶单位运输周转量二氧化碳排放

完成或超额完成考核目标且有真实完整统计数据得10分。本指标为否决性指标,只要未完成年度目标值即为未完成等级。

3)港口生产单位吞吐量能耗水平

完成或超额完成考核目标且有真实完整统计数据得10分。本指标为否决性指标,只要未完成年度目标值即为未完成等级。

4)港口生产单位吞吐量二氧化碳排放

完成或超额完成考核目标且有真实完整统计数据得10分。本指标为否决性指标,只要未完成年度目标值即为未完成等级。

6.5.3.2 节能减排主要措施

1)健全节能减排组织领导机制

成立节能减排工作领导小组或相应的机构,明确节能减排工作责任部门,有专兼职的节能减排工作人员,并且根据部门或人员的变化及时进行调整,定期召开会议,研究节能减排问题并形成协调机制。领导小组人员、部门或工作人员如有变动,应在一个月内进行调整,并重新下发正式文件进行明确。

2)落实节能减排基础管理工作

将年度节能减排目标逐级分解,制订具体的工作方案,责任落实到人。建立完善的节能减排统计体系,统计数据真实可靠。对所有职工进行过节能减排教育,对重点岗位人员进行节能减排技术培训。建立完善的节能减排监测体系,有效进行能源消耗审计,积极开展节能减排第三方检测工作。

3)开展节能减排技术创新、推广示范项目和节能产品推广国家或经技术部门认定的新技术、新产品及自主开发的节能减排新技术、新产品,制订年度节能减排研发计划。积极推广使用节能减排示范项目、技术和设备。

4)履行节能减排监管职责

贯彻《中华人民共和国节约能源法》,根据上级有关规定,制订本地区或本企业的相关计划,开展节能减排检查,落实能源消耗限额,出台节能鼓励政策。不定期对重点用能企业进行节能减排监督检查。将年度节能减排目标逐级分解,制订具体的工作方案,责任落实到人。

5)调整和优化运输结构

包括调整运力结构和调整运输组织结构两个方面。船舶运力结构是指各种营运船舶在所有营运船舶中的结构比例;运输组织结构是指构成整个运输业的经营主体中,以组织形式为特征,具有不同经营资质的各类型企业的结构比例。

6)建设节约型机关

根据本单位实际制订年度节约型机关建设工作任务目标,落实相关措施;制订完善行政经费、会议接待、车辆管理等规章制度,抓好落实,建立节约长效管理机制,推动节约型机关建设的开展。

7)内河船型标准化率

考核内河船舶船型标准化水平。

8)节能低碳型船舶应用程度

天然气、混合动力、电能动力等船舶应用情况。

9)船舶节能低碳新技术应用情况

船用热泵技术、低表面能涂料、余热回收技术、气膜减阻等节能减排新技术在船舶上应用效果。

10)港口新能源使用情况

主要考核港口太阳能、潮汐能、风能、地热能等新能源应用情况。

11)港口装卸节能减排新技术应用情况

主要考核港口动能回馈装置、皮带机节能技术改造等装卸节能减排新技术应用情况。

6.5.3.3 加分项

年度内获得省部级以上表彰的节能减排先进单位或个人及节能减排成果每项加 10 分。

江西省水路运输与港口生产节能减排工作考核评分表见表 6-3。

表6-3

江西省水路运输与港口生产节能减排工作考核评分表

考核项目	序号	考核指标	分值	考核内容及计分标准	得分
节能减排综合指标（40分）	1	内河营运船舶单位运输周转量能耗	10	完成或超额完成考核目标有真实完整统计数据得10分。本指标为否决性指标，只要不得分即为未完成等级	
	2	营运船舶单位运输周转量二氧化碳排放	10	完成或超额完成考核目标有真实完整统计数据得10分。本指标为否决性指标，只要不得分即为未完成等级	
	3	港口生产单位吞吐量能耗水平	10	完成或超额完成考核目标有真实完整统计数据得10分。本指标为否决性指标，只要不得分即为未完成等级	
	4	港口生产单位吞吐量二氧化碳排放	10	完成或超额完成考核目标有真实完整统计数据得10分。本指标为否决性指标，只要不得分即为未完成等级	
节能减排主要措施（60分）	5	健全节能减排组织领导机制	5	1. 建立节能减排领导小组形成协调机制，明确各成员节能减排管理职责，根据领导班子成员变动及时进行调整得2分，反之不得分 2. 明确或建立工作机构，落实专兼职工作人员，确定职责分工得2分，反之不得分 3. 定期召开会议例会，部署节能减排工作，强化工作措施，业务部门抓好落实得1分，反之不得分	
	6	落实节能减排基础管理工作	5	1. 逐级分解节能减排任务目标，制订具体工作方案或意见得1分，反之不得分 2. 建立完善节能减排统计工作，定期发布相关信息得1分，反之不得分 3. 开展节能减排宣传和业务培训得1分，反之不得分 4. 建立完善的节能源消耗监测体系，开展内部审计或开展节能减排第三方检测得2分，反之不得分	

续上表

考核项目	序号	考核指标	分值	考核内容及计分标准	得分
节能减排主要措施（60分）	7	开展节能减排技术研发、推广示范项目和节能产品	5	1. 节能减排技术研发列入年度科技计划得2分，反之不得分 2. 推广应用节能减排示范项目、技术和设备得2分，反之不得分 3. 积极推广节能减排工作，年度有内容得分，部级节能减排示范项目的得1分，反之不得分	
	8	履行节能减排监管职责	5	1. 出台和完善节能减排工作配套政策措施得1分，反之不得分 2. 加强重点用能和排放单位监管2分，监管不到位扣1分，无重点企业名单的扣1分 3. 开展任务目标完成情况检查、通报整改相关工作得2分，反之不得分	
	9	调整和优化运输结构	5	1. 营运船舶年审率达到100%并按计划淘汰不符合运行要求的船舶得3分，运营船舶年审率未达到或未按计划淘汰不符合运行要求的船舶不得分 2. 运用现代化运输组织方式，船舶平均实载率达到50%以上的得2分。实载率每下降1个百分点扣0.5分，扣完2分为止	
	10	执行污染排放标准	5	执行并达到国家、行业及省有关污染物和环境影响评价标准要求的得5分；有一项未达到标准要求的扣1分，扣完为止	
	11	建设节约型机关	5	建立节约制度、完善节约措施、完成年度工作目标得5分，反之不得分	

续上表

考核项目	序号	考核指标	分值	考核内容及计分标准	得分
节能减排主要措施（60分）	12	内河船型标准化率	5	内河船型标准化率在70%以上得5分；内河船型标准化率在50%~70%之间得3分；内河船型标准化率在50%以下得不得分	
	13	节能低碳型船舶应用程度	5	有应用混合动力、电能动力等船舶，运营效果得到船主及社会公众的良好评价得5分；有应用混合动力等船舶，但能效果一般得3分；没有推广使用混合动力、电能动力等船舶的不得分	
	14	船舶节能低碳新技术应用情况	5	船用热泵技术、低表面能涂料、余热回收技术、气膜减阻等节能减排新技术在船舶上应用效果显著的得5分；船用热泵技术、低表面能涂料、余热回收技术、气膜减阻等节能减排新技术在船舶上应用效果一般的得3分；没有应用船用热泵技术、低表面能涂料、余热回收技术、气膜减阻等节能减排新技术的不得分	
	15	港口新能源使用情况	5	港口太阳能、潮汐能、风能、地热能等新能源应用较多，效果较好得5分；港口太阳能、潮汐能、风能、地热能等新能源应用，但数量较少得3分；港口没有应用太阳能、潮汐能、风能、地热能等新能源的不得分	
	16	港口装卸节能减排新技术应用情况	5	港口装卸节能减排新技术普遍应用得5分；尝试应用港口装卸节能减排新技术得3分；没有推广港口装卸节能减排新技术的不得分	
合计			100		

6.6 城市公共交通节能减排工作考核

6.6.1 考核对象

考核对象为管理部门和企业两个层次。管理部门为江西省公路运输管理局城市公交及出租汽车管理部门、各市城市客运管理部门；重点能耗企业是指江西省从事城市公共交通的企业。

6.6.2 考核组织及分工

省公路运输管理局成立城市公共交通节能减排工作领导小组办公室，负责全省城市公交、出租车节能减排工作的领导、组织和监管工作。根据省厅统一安排，对各市城市公交及出租车行业节能减排工作完成情况进行复核。

各市城市公交主管部门成立相应的节能减排工作领导小组办公室，根据各地交通运输主管部门统一安排，负责本辖区城市公交及出租车节能工作的自查和考核，并对重点企业节能工作进行指导、考核。

6.6.3 考核内容

考核内容为节能减排量化目标的完成情况和节能减排主要措施的落实情况，也就是定量与定性相结合。节能减排量化目标是指城市公交管理机构应制订本地区的城市公交、出租汽车的能源消耗标准要求及行业节能减排目标。企业应制订本企业的能源消耗标准（不得低于行业标准要求），及每年应达到的节能减排目标。节能减排主要措施落实情况指标为定性评价指标，根据指标的完成率或有关工作完成情况计分。

省交通运输主管部门根据省政府和交通运输部确定的节能减排任务目标，提出年度考核量化基准指标，各单位根据基准指标提报各自的年度考核量化目标，经省厅节能领导小组审核批准后，作为省交通运输主管部门对各单位的年度考核依据。

6.6.3.1 综合指标

1）城市公交单位客运量能耗

完成或超额完成考核目标且有真实完整统计数据得 5 分。本指标为否决性指标,只要未完成年度目标值即为未完成等级。

2)城市出租汽车单位客运量能耗

完成或超额完成考核目标且有真实完整统计数据得 5 分。本指标为否决性指标,只要未完成年度目标值即为未完成等级。

3)城市公交单位客运量二氧化碳排放

完成或超额完成考核目标且有真实完整统计数据得 5 分。本指标为否决性指标,只要未完成年度目标值即为未完成等级。

4)城市出租汽车单位客运量二氧化碳排放

完成或超额完成考核目标且有真实完整统计数据得 5 分。本指标为否决性指标,只要未完成年度目标值即为未完成等级。

5)每万人城市快速公交里程数(含公交专用道和轨道交通)

本项基础分为 5 分。在 0.3 千米/万人以上,得 5 分;在 0.21~0.3 千米/万人之间,得 3 分;在 0.21 千米/万人以下,不得分。

6)城市公交线网密度

本项基础分为 5 分。在 2.7 千米/平方千米以上,得 5 分;在 1.8~2.7 千米/平方千米之间,得 3 分;在 1.8 千米/平方千米以下,不得分。

7)公交站点覆盖率(500 米)

本项基础分为 5 分。在 85% 以上,得 5 分;在 69%~85% 之间,得 3 分;在 69% 以下,不得分。

8)公交出行分担率(不包含步行出行)

本项基础分为 5 分。公交出行分担率在 30% 以上,得 5 分;公交出行分担率在 20%~30% 之间,得 3 分;公交出行分担率在 20% 以下,不得分。

6.6.3.2 节能减排主要措施

1)健全节能减排组织领导机制

单位应有节能减排工作领导小组或相应的机构,明确节能减排工作责任部门,有专兼职的节能减排工作人员,并且根据部门或人员的变化及时进行调整,定期召开会议,研究节能减排问题并形成协调机制。领导小组人员、部门或工作人员如有变动,应在一个月内进行调整,并重新下发正式文件进行明确。

2)开展节能减排技术研发、推广示范项目和节能产品

推广国家或经技术部门认定的新技术、新产品及自主开发的节能减排新技

术、新产品,制订年度节能减排研发计划。积极推广使用节能减排示范项目、技术和设备。

3) 履行节能减排监管职责

贯彻《中华人民共和国节约能源法》,根据上级有关规定,制订本地区或本企业的相关计划,开展节能减排检查,落实能源消耗限额,出台节能鼓励政策。不定期对重点用能企业进行节能减排监督检查。

4) 落实节能减排基础管理工作

将年度节能减排目标逐级分解,制订具体的工作方案,责任落实到人。建立完善的节能减排统计体系,统计数据真实可靠。对所有职工进行节能减排教育,对重点岗位人员进行节能减排技术培训。建立完善的节能减排监测体系,有效进行能源消耗审计,积极开展节能减排第三方检测工作。

5) 推广使用新能源和清洁能源车辆

考虑要制订新能源或清洁能源车辆的发展规划,积极推广使用电动、混合动力、燃气车辆等节能新产品、新技术,逐年提高使用比例。

6) 天然气加气站、充电站建设与使用情况

明确天然气加气站和车辆充电站发展目标和主要任务,天然气加气站与车辆充电站年度发展目标和主要任务基本实现,加气站和充电站建设进度与天然气和电能驱动的装备增长速度基本相匹配。

7) 城市自行车专用道建设情况

城市发展规划(方案)中考虑自行车专用道建设规划并要求落实。

8) 城市行人步道建设情况

城市发展规划(方案)中要考虑行人步道建设规划并要求落实。

6.6.3.3　加分项

年度内获得省部级以上表彰的节能减排先进单位或个人及节能减排成果每项加10分。

江西省城市公交节能减排工作考核评分表见表6-4。

江西省城市公交节能减排工作考核评分表

表 6-4

考核项目	序号	考核指标	分值	考核内容及计分标准	得分
节能减排综合指标（40分）	1	公交车单位客运量能耗	5	完成或超额完成考核目标目有真实完整统计数据得5分；本指标为否决性指标，只要未完成年度目标值即为未完成等级	
	2	出租汽车单位客运量能耗	5	完成或超额完成考核目标目有真实完整统计数据得5分；本指标为否决性指标，只要未完成年度目标值即为未完成等级	
	3	公交车单位客运量二氧化碳排放	5	完成或超额完成考核目标目有真实完整统计数据得5分；本指标为否决性指标，只要未完成年度目标值即为未完成等级	
	4	出租汽车单位客运量二氧化碳排放	5	完成或超额完成考核目标目有真实完整统计数据得5分；本指标为否决性指标，只要未完成年度目标值即为未完成等级	
	5	每万人城市快速公交里程数（含公交专用道和轨道交通）	5	在0.3千米/万人以上，得5分；在0.21~0.3千米/万人之间，得3分；在0.21千米/万人以下，不得分	
	6	城市公交线网密度	5	在2.7千米/平方千米以上，得5分；在1.8~2.4千米/平方千米之间，得3分；在1.8千米/平方千米以下，不得分	
	7	公交站点覆盖率（500米）	5	在85%以上，得5分；在69%~85%之间，得3分；在69%以下，不得分	
	8	公交出行分担率（不包含步行出行）	5	公交出行分担率在30%以上，得5分；公交出行分担率在20%~30%之间，得3分；公交出行分担率在20%以下，不得分	

续上表

考核项目	序号	考核指标	分值	考核内容及计分标准	得分
节能减排主要措施（60分）	9	健全节能减排组织领导机制	10	1. 建立节能减排领导小组并形成协调机制，明确各成员节能减排管理职责，根据领导班子成员变动及时进行调整得4分，反之不得分； 2. 明确或建立工作机构，落实专兼职人员，确定职责分工得3分，反之不得分； 3. 定期召开会议或例会，部署节能减排工作，强化工作措施，业务部门抓好落实得3分，反之不得分	
	10	开展节能减排技术研发、推广示范项目和节能产品及技改落实	10	1. 节能减排技术研发列入年度科技计划得4分，反之不得分； 2. 推广应用节能减排示范项目、技术和设备得3分，不推广示范项目不得分，推广不力扣1分； 3. 积极推广节能减排工作，年度有内容得省、部级节能减排示范项目的得3分，反之不得分	
	11	履行节能减排监管职责	10	1. 出台完善节能减排工作配套政策措施得3分，反之不得分； 2. 加强重点用能单位监管4分，监管不到位扣2分，无重点企业名单的扣2分； 3. 开展任务目标完成情况检查，通报整改相关工作得3分，反之不得分	
	12	落实节能减排基础管理工作	10	1. 逐级分解节能减排任务目标，制订具体工作方案或意见得2分，反之不得分； 2. 建立完善节能减排统计工作，定期发布相关信息得2分，反之不得分； 3. 开展节能减排宣传和业务培训得3分，反之不得分； 4. 建立完善的节能减排监测体系，开展能源消耗内部审计或开展节能减排第三方检测得3分，否则不得分	

续上表

考核项目	序号	考核指标	分值	考核内容及计分标准	得分
节能减排主要措施（60分）	13	推广使用新能源和清洁能源车辆	5	1. 应制订新能源运输车辆发展规划并组织实施得3分，反之不得分； 2. 推广使用节能、绿色装备和车辆比例逐年提升得2分，持平得1分，下降不得分	
	14	天然气加气站、充电站建设与使用情况	5	明确天然气加气站和车辆充电站发展目标和主要任务，天然气加气站与车辆充电站年度发展目标和主要任务基本实现，加气站和充电站建设进度与天然气和电能驱动的装备增长速度基本相匹配得5分； 明确天然气加气站和车辆充电站发展目标和主要任务基本实现，天然气加气站与车辆充电站年度发展目标和主要任务基本实现，但已投入运营的加气站和充电站不足以供应所有天然气和电能驱动的装备得3分； 无天然气加气站和车辆充电站相关规划不得分	
	15	城市自行车专用道建设情况	5	城市发展规划（方案）中考虑自行车专用道建设规划并落实效果较好的得5分； 城市发展规划（方案）中考虑自行车专用道建设规划但落实效果较差的得3分； 城市发展规划（方案）中不包含自行车专用道建设规划的不得分	
	16	城市行人步道建设情况	5	城市发展规划（方案）中考虑行人步道建设规划并落实效果较好的得5分； 城市发展规划（方案）中考虑行人步道建设规划但落实效果较差或无落实的得3分； 城市发展规划（方案）中不包含行人步道建设规划的不得分	
总计			100		

7 政策建议

通过对江西省交通运输行业能耗统计现状分析评价,结合节能减排的目标和监测、考核体系建设思路与架构的初步研究,在对相关指标与现实基础适应性分析的基础上及行业持续发展的需求角度,研究提出如下促进体系建设的相关建议:

7.1 统筹规划,做好节能减排统计监测考核体系建设的顶层设计

要将交通运输节能减排统计、监测和考核体系建设纳入交通运输发展规划,作为交通运输发展的一项重点工作加以推进。结合"大部制"改革的实际情况,进一步做好交通运输节能减排统计、监测和考核体系建设的顶层设计工作,明确体系建设的整体框架和路线图。综合考虑交通运输节能减排统计、监测和考核体系建设需求,合理安排能耗统计体系、监测体系和考核体系建设的时间进度,统筹推进统计、监测和考核体系建设。积极争取政府支持,主动加强与发展改革、统计、环保等相关政府部门的协调,建立健全协同推进机制。推动建立健全加快推进节能减排统计、监测和考核体系建设的各项激励政策,加大财政资金支持和引导力度。加强相关信息系统研发,加快推进在线监测。

7.2 建立健全行业节能减排管理机构,形成责任明确、管理到位的管理体系

当前,江西省交通运输行业节能减排管理机构仍不健全,省级以下港航行政管理部门基本上无专门机构从事此项工作,明显与当前绿色低碳发展的要求不适应,亟须建立健全行业各级碳排放管理体系。

因此,理顺省级交通运输节能减排管理部门与地方节能减排管理部门的关系,在此基础上,逐步建立、健全交通运输行业各级能源管理机构,加强节能减排

管理人员队伍建设,并制定相应的规章、政策,形成管理权责明确、协调顺畅、运行高效、保障有力、考核到位的交通运输节能监督管理网络,并配套形成专门的机构、人员。从而可以按照每年确定的行业节能减排目标,采取相应的手段,以监测评估、及时预警、快速反应、科学管理为各级节能管理机构的目标与任务,不断加强省、市和县等各级交通运输节能监管机构的能力建设。按照国家和交通运输行业节能法规标准及节能减排要求,逐步形成良好运行的交通运输节能监督管理体系,从交通运输部制定节能方针战略、各省交通运输厅负责区域行业节能管理到各市县的地方交通运输管理部门负责节能推进和组织实施等几个层面形成严密的管理体系,真正形成各级节能管理机构齐抓共管的局面,强化节能管理机构的作用,以不断加大公路运输各环节节能工作的监督检查力度,对阶段性的节能减排状态形成尽可能准确的监测,为及时调整节能减排策略形成良好的支撑。

7.3 着力完善交通运输能耗统计体系,尽快组织实施

由于交通运输能耗统计、监测与考核指标体系是以交通运输行业能源消耗统计指标体系为基础的,而统计指标体系的合理性、时效性及可操作性都会直接影响到监测与考核指标的合理性、时效性及可操作性,进一步完善交通运输以单位能耗为核心的能耗统计指标体系,并将其纳入交通运输行业的统计体系中,加快组织实施的推进工作。同时,也需要各级交通运输主管部门进一步加强交通运输节能统计业务能力的建设,并充分利用现代化信息技术,加快建立安全、灵活、高效的能源数据采集、传输、加工、存储和使用等一体化的能耗统计信息系统,设计系统中数据收集的标准化体系,方便不同领域和企业子系统的接入和汇总。全面、及时、准确地提供交通运输节能的综合信息,从而可以在交通运输全行业全面推行节能减排监测、考核制度,为全面掌握、监测行业用能状况和水平,准确分析行业用能状况并制定节能政策提供基础数据支撑。

7.4 加强相关法规标准体系建设,积极培育第三方节能减排监测机构

交通运输管理部门应尽快组织制订交通运输行业关于能耗与碳排放监测、考核的相关规定要求,并制订能耗与碳排放监测、考核的标准和规范,制订交通

运输行业能耗与碳排放监测机构的管理规定以及具体的操作实施细则要求,为节能减排工作的深入开展,能耗统计、监测与考核研究与实施的进一步推进提供保障基础。

交通运输行业各级主管部门是节能监测的管理主体,为了体现节能监测的客观性,需要构建各层级的节能监测机构对节能统计指标和节能进展情况进行监测。各级交通运输主管部门利用节能减排专项资金委托交通运输节能监测机构进行第三方监测。监测机构建立相应的技术手段和设施,提供节能减排的监测服务,为提供的数据负责。交通运输行业主管部门将通过监测资质体系来规范管理检测机构的活动。

7.5 切实加大节能减排投资力度,形成专项经费投入机制

加大节能减排的资金投入是做好节能工作的决定性保障因素。应当积极组织研究增加节能减排投入的途径和办法,不断增加交通运输行业节能减排管理的资金投入,如果可能,探索形成定期的专项经费投入机制,以促进交通运输行业的节能研究开发、节能技术与产品的推广、示范试点、宣传培训、政策支持和表彰奖励等工作,这必将有力地推动交通运输行业的节能减排工作,不断降低全行业的运输成本,使企业经营效益提高,使整个行业的节能、减排、增效的效果进一步体现出来,实现行业的高效可持续发展。

7.6 大力加强引导和激励,充分发挥企业节能减排主体作用

各级交通运输行业的政府主管部门应当从战略和全局的高度,通过制订和完善切实可行的鼓励交通运输节能的投资政策、奖励激励政策、交通规费政策、运力调控政策、市场准入政策和运输装备燃料限值标准等,并将企业的节能考核与行业优惠政策结合起来,如可以考虑把客运线路的招投标与节能结合起来,对于采取节能措施、使用节能装备、节能成效明显的投标者给予加分或优先考虑等方法,充分调动企业使用节能运输装备、进行节能细化管理的积极性,引导和推动企业进行系统的节能管理变革,鼓励作为节能减排主力军的运输企业发挥主体作用,不断在管理上下功夫,提高能源利用效率与管理水平,并促使企业积极贯彻行业节能减排政策,提供真实有效的节能减排统计数据,为行业的节能减排

动态监测与考核提供有效的支持。

7.7 切实强化相关基础研究，破解发展难题

本书研究仅仅是节能减排统计、监测与考核指标体系的初步探索阶段，在理论分析及实施方案方面面临诸多需要解决的问题。建议未来进一步深化以下几方面的内容：

第一，从政府公共管理的角度探索节能减排监测考核有效实施的途径。从政府公共管理的理论高度分析在节能减排中的企业行为和政府作用，从行业科学发展以及政府有效引导的视角探索节能减排监测考核的途径，从构建"服务型政府"的角度确定在节能减排监测考核中政府发挥作用的途径。

第二，推进节能减排监测考核的公共政策研究。探索有效推进节能减排监测考核的公共政策，分析不同公共政策的投入产出及影响，不同奖惩措施的利弊及可行性等。

第三，构建第三方监测机构，开展企业能源审计的相关研究。深入探索相应的体制机制、人员配备、资质体系、资金投入、技术设备支持等。

参 考 文 献

[1] 中华人民共和国交通运输部.2011中国交通运输节能减排与低碳发展年度报告[M].北京:人民交通出版社,2012.

[2] 中华人民共和国交通运输部.2012绿色低碳交通运输发展年度报告[M].北京:人民交通出版社,2013.

[3] 中华人民共和国交通运输部.2011中国交通运输统计年鉴[M].北京:人民交通出版社,2012.

[4] 中华人民共和国国家统计局.中国统计年鉴2012[M].北京:中国统计出版社,2013.

[5] 中华人民共和国国家统计局.中国能源统计年鉴2012[M].北京:中国统计出版社,2013.

[6] 江西省统计局.江西统计年鉴2012[M].北京:中国统计出版社,2013.

[7] 江西省交通运输厅.《江西省交通统计资料汇编》2000-2007年[D].江西:江西省交通运输厅,2008.

[8] 本项目研究组.交通运输能耗统计监测体系研究[R].北京:交通运输部科学研究院,2011.

[9] 本项目研究组.交通运输能耗统计监测(一期)[R].北京:交通运输部科学研究院,2012.

[10] 本项目研究组.低碳交通城市评价指标体系研究[R].北京:交通运输部科学研究院,2012.

[11] 本项目研究组.江西省公路水路交通节能中长期规划研究[R].北京:交通运输部科学研究院,2007.

[12] 本项目研究组.江西省公路水路交通运输节能减排"十二五"规划研究[R].北京:交通运输部科学研究院,2011.

[13] 本项目研究组.交通运输能耗考核指标体系研究[R].北京:交通运输部科学研究院,2012.

[14] 李海东,高南林,涂建军.交通行业节能减排的研究与实践[M].广州:暨南大学出版社,2010.

[15] 傅志寰,胡思继,等.中国交通运输中长期节能问题研究[M].北京:人民交通出版社,2011.

[16] 边浩毅.道路运输业节能减排的研究与实践[M].杭州:浙江大学出版社,2009.

[17] 易宗发,江兴智,王秦.汽车低碳运用[M].北京:人民交通出版社,2013.

[18] 广西壮族自治区交通运输厅.广西交通运输行业能源消耗统计监测考核办法及评价体系[R].广西:广西壮族自治区交通运输厅,2011.

[19] 山东省交通运输厅.山东省交通运输行业节能减排工作考核办法(试行)[R].山东:山东省交通运输厅,2009.

[20] 浙江省交通运输厅.浙江省交通运输行业循环经济与节能减排工作考核办法[R].浙江:浙江省交通运输厅,2012.